Valeriano Santos Costa

Noções Teológicas de LITURGIA

EDITORA
AVE-MARIA

© 2012 by Editora Ave-Maria. All rights reserved.
Rua Martim Francisco, 636 – 01226-000 – São Paulo, SP – Brasil
Tel.: (11) 3823-1060 • Fax: (11) 3660-7959
Televendas: 0800 7730 456
editorial@avemaria.com.br • comercial@avemaria.com.br
www.avemaria.com.br

ISBN: 978-85-276-1406-1
Capa: Rui Cardoso Joazeiro
Imagem da capa: A Última Ceia (Andrea del Sarto)
2. ed. – 2013

Dados Internacionais de Catalogação na Publicação (CIP)
Angélica Ilacqua CRB-8/7057

Costa, Valeriano dos Santos
Noções teológicas de liturgia / Valeriano Santos Costa. – São Paulo:
Editora Ave-Maria, 2012. 64 p.

ISBN: 978-85-276-1406-1

1. Liturgia   I. Título

12-0138   CDD 264

Índice para catálogo sistemático:
1. Liturgia   264

Diretor Geral: Marcos Antônio Mendes, CMF
Diretor Editorial: Luís Erlin Gordo, CMF
Gerente Editorial: Valdeci Toledo
Editora Assistente: Carol Rodrigues
Preparação e Revisão: Guilherme Rocha e Maria Alice Gonçalves
Diagramação: Vera Ribeiro Ricardo
Produção Gráfica: Carlos Eduardo P. de Sousa
Impressão e acabamento: Gráfica Ave-Maria

A Editora Ave-Maria faz parte do Grupo de Editores Claretianos (Claret Publishing Group).
Bangalore • Barcelona • Buenos Aires • Chennai • Macau • Madri • Manila • São Paulo

Siglas

IGMR:	Instrução Geral do Missal Romano
MR:	Missal Romano
SC:	*Sacrosanctum Concilium*

Sumário

1. A liturgia está no eixo da salvação 5

2. A liturgia continua a obra da salvação 11

3. A beleza na liturgia 15

4. A ordem na liturgia 21

5. A ágape na liturgia 25

6. O primado da adoração 39

7. A liturgia está na raiz da deificação 49

8. A Santíssima Trindade na liturgia 57

9. Bibliografia 61

1. A liturgia está no eixo da salvação

Não se pode abordar corretamente a liturgia sem situá-la na história da salvação e sem reconhecer sua importância para a Igreja e sua eficácia na vida de cada fiel. Celebrar a fé não é ação isolada ou facultativa, nem tampouco obrigação para se ver livre de um deságio. Celebrar é, sim, um gesto de prazer, uma necessidade pungente, movida por algo que nos toca porque está no eixo da vida. Como a inspiração do poeta ou do músico, que, se não se expressar por meio da arte, sufoca quem é depositário de um dom dessa natureza. É parecido com o amor, que se lança aos pés do objeto amado inteiramente desarmado, suplicando apenas a chance de ser acolhido e revelado. Por isso, só celebramos o que tem significado e relevância, o que move os afetos. Nesse sentido não é pequeno o papel da liturgia na história da salvação e não é periférico seu lugar entre as atividades da Igreja. Na história da salvação, a liturgia está no eixo do mistério de Cristo; na Igreja, ela "é o cume para o qual tende toda a ação eclesial e, ao mesmo tempo, a fonte de que promana sua força" (SC 10).

A liturgia está no eixo da fé e das atividades eclesiais, de tal forma que "os trabalhos apostólicos visam a que todos, como filhos de Deus, pela fé e pelo Batismo, se reúnam para louvar a Deus na Igreja e participar do sacrifício e da ceia do Senhor" (SC 10). Justamente daí a Igreja tira força para sua atuação no mundo. A liturgia, além de levar os fiéis a serem "unânimes na piedade" (cf. SC 10), "renova e aprofunda a aliança do Senhor com os homens [...], fazendo-os arder no amor de Cristo. Dela, pois, derrama-se sobre nós a graça e brotam com soberana eficácia a santidade em Cristo e a glória de Deus, fim para o qual tudo tende na Igreja" (SC 10). Então a liturgia está no coração da história da salvação e da pastoral da Igreja, e sua eficácia não se iguala a nenhuma outra atividade eclesial.

A história da salvação nasce do projeto de Deus, que *deseja que todos os homens sejam salvos e alcancem o conhecimento da verdade* (1Tm 2,4). O caminho escolhido para a salvação é a história, e o ponto culminante é o envio do Filho, na Pessoa do Verbo encarnado. Portanto, "a humanidade do Filho, unida à Pessoa do Verbo encarnado, foi o instrumento da nossa salvação" (SC 5). A realização desse evento constituiu o ponto culminante da história e a plenitude do tempo (cf. Gl 4,4). O arco da história da salvação se encaminha para a sua consumação, já que no seu zênite está a encarnação do Verbo, *que nasceu de uma mulher e nasceu submetido a uma Lei, a fim de remir os que estavam sob a Lei, para que recebêssemos a sua adoção* (Gl 4,4-5). Esse aspecto será aprofundado quando falarmos da "deificação" como uma das chaves de interpretação da liturgia.

A obra da salvação é causa da perfeita reconciliação do ser humano e do acesso à plenitude do culto divino.[1] A perfeita reconciliação é resultado da redenção, que pode ser entendida como a reconciliação do ser humano com Deus, com o próximo, com o cosmo e consigo mesmo; e o acesso ao culto divino se dá consequentemente, na medida em que a salvação representa o ápice

---
[1] Cf. *Sacramentarium Veronense*: ed. Molberg. Roma, 1956, n. 1265.

1. A liturgia está no eixo da salvação

das maravilhas de Deus na história, e que suscita o *cântico novo* que Cristo põe em nossas bocas em louvor a Deus (Sl 39[40],4). O cântico novo era, originalmente, uma *ovação*,[2] isto é, um grito de guerra que Israel elevava a Deus enaltecendo-o como seu comandante na batalha.[3] Depois do exílio o canto novo deixa de ser *ovação* e adquire caráter cultual e litúrgico, transformando-se em *louvação* a Deus pelo seu reinado de amor no mundo.[4] O cântico novo, no sentido neotestamentário, é a exaltação da glória de Deus, por ter Cristo realizado uma páscoa misteriosa entre nós, páscoa que, por sua vez, tem o ponto culminante na paixão, morte e gloriosa ressurreição do Filho de Deus. A incidência sobre nossas vidas é que a páscoa de Cristo se torna nossa páscoa também, inserindo-nos num movimento de passagem da morte para a vida, o que se define teologicamente como salvação e na prática como libertação.

O mistério de Cristo traz uma nova hermenêutica da existência humana e de toda a vida que pulsa na imensidão cósmica. É a hermenêutica pascal, na qual tudo é visto de forma provisória, porque em processo de passagem, porém, fundamentado no caráter definitivo da eternidade, no pós-pascal. Dessa forma, embora tudo seja passageiro, cada coisa está ligada à realidade plena da eternidade e, por isso, adquire consistência e dinâmica na história, sempre sedimentado num saudável caráter provisório. Na verdade, tudo é passageiro, mas nada está pulverizado e solto, pois faz parte de um todo que acontece aqui, mas não tem seu fundamento aqui. Portanto, o homem tem de ser ajudado, por meio do conhecimento da verdade, a compreender esse mistério, adequar-se a ele e libertar-se de todo vínculo que gere apego e o distraia, para que o peregrino não perca seu destino.

Essa é a mensagem objetiva que a teologia tem a oferecer à humanidade em todos os tempos, sobretudo, no momento atual, quando a técnica e a informática oferecem possibilidades inéditas de comunicação digital, mas não conseguem criar pontes que garantam a comunicação humana e a reconciliação

---

[2] Ex 32,17; Js 6,5; Js 7,20-21; 1Sm 17,20.52; Jr 4,19; Os 5,8; Am 1,48.
[3] Nm 23.21; Sf 1,14; 1Sm 10,20.
[4] Sl 46[47], 2.6, 88[89],16; 94[95],1; 97[98],4.6.

perfeita. A frustração e o estresse tomam conta e deixam as relações cansadas e superficiais.

A obra da salvação está tão intrinsecamente ligada a Jesus, que o acesso a ela se dá somente pela associação à Pessoa do Verbo encarnado, que desde a pregação pública até a Cruz foi ligando as pessoas a si mesmo como um ramo ao tronco. É uma metáfora de plasticidade brilhante: *Eu sou a videira; vós, os ramos. Quem permanecer em mim e eu nele, esse dá muito fruto; porque sem mim nada podeis fazer. Se alguém não permanecer em mim será lançado fora, como o ramo. Ele secará e hão de ajuntá-lo e lançá-lo ao fogo, e será queimado* (Jo 15,5-6).

A concretização da íntima ligação do ramo ao tronco ou a permanência do ser humano em Cristo devem ser realizadas de tal forma que toda a vida cristã seja ligada ao Mistério de Cristo no Espírito Santo. Isso se dá pelos sacramentos da iniciação cristã, entre os quais o Batismo, que nos insere no amor de Deus, para aí permanecermos estavelmente. Justamente, a Eucaristia tem a função de manter essa permanência ao longo da vida: *Quem come a minha carne e bebe o meu sangue permanece em mim e eu nele* (Jo 6,56). É uma permanência que ultrapassa as sendas da história, engajando, antecipadamente, o cristão na vida eterna: *Quem come a minha carne e bebe o meu sangue tem a vida eterna; e eu o ressuscitarei no último dia* (Jo 6,54).

A metáfora do ramo e do tronco mostra a mediação de Jesus como o caminho da nossa relação com Deus: *Porque há um só Deus e há um só mediador entre Deus e os homens: Jesus Cristo, homem* (1Tm 2,5). Ligar-se a Jesus é assimilar sua páscoa, fazendo-a nossa páscoa. Não há nada mais objetivo do que a mensagem da fé. Essa objetividade da fenomenologia da salvação pode ser apresentada em quatro passos principais.

1) Deus envia seu Filho, *que nasceu de uma mulher e nasceu submetido a uma Lei, a fim de remir os que estavam sob a Lei, para que recebêssemos a sua adoção* (Gl 4,4-5).

2) Tendo cumprido seu mistério pascal, *exaltado pela direita de Deus, havendo recebido do Pai o Espírito Santo*

prometido, derramou-o como vós vedes e ouvis (At 2,33). Como disse Pedro à multidão, no dia de Pentecostes: *Acontecerá nos últimos dias – é Deus quem fala –, que derramarei do meu Espírito sobre todo ser vivo* (At 2,17).

3) Por sua vez, o Espírito Santo derrama no coração humano o amor divino (a ágape):[5] *O amor de Deus foi derramado em nossos corações pelo Espírito Santo que nos foi dado* (Rm 5,5).

4) O amor divino (ágape), no qual somos instalados pelo mistério pascal, é o ponto terminal do derramamento da salvação. Agora não há mais o que derramar. Há, sim, uma expansão espiritual no íntimo da pessoa e na vida da comunidade. Como terra fecundada, o coração fará germinar, em forma de explosão, a comunicação que rompe as fronteiras. Foi isso que deixou as pessoas perplexas no dia de Pentecostes. Era o fenômeno da superação da diversidade de línguas, por causa da mediação da linguagem do amor (cf. At 2,2). Significa que nenhum espaço deixou de ser ocupado pelo Espírito de Deus, isto é, iluminado pelo esplendor da beleza divina, começando pelo coração dos discípulos. A esplanada do Templo tornou-se cenário de um evento movido pelo Espírito Santo. Era uma festa plena de sentido e de amor. Era o fim de Babel e o nascimento da Cidade de Deus, a nova Jerusalém.

No Pentecostes, derramamento exemplar do Espírito Santo, o céu fecundou a terra, como narram os Atos dos Apóstolos. O Pentecostes foi a explosão final que começa com a encarnação do Verbo, passa pela doação do Espírito Santo e pelo derramamento da ágape. Uma vez que a ágape é derramada, a comunicação rompe as fronteiras e coloca as pessoas e os povos em profunda comunhão. Esse é o sonho que a Igreja acalenta ao longo da história; sonho nem sempre vivido, mas sempre sonhado, porque é o sonho de Deus manifestado em Jesus. O sonho cria pontes ecumênicas e desarma as instituições religio-

---

5 Um estudo aprofundado sobre a *ágape* será feito quando tratarmos da *ágape* como chave de interpretação litúrgica.

sas contra a concorrência e a beligerância. Não à toa o Pentecostes é celebrado também como movimento ecumênico das Igrejas que pregam Jesus Cristo seriamente. O eixo dessa comunhão é Jesus Cristo, e a força que a põe em ato é o Espírito Santo, derramado por Cristo. Justamente, Cristo é o Mediador entre o ser humano e Deus; mediador em relação ao Pai, para quem caminhamos como peregrinos; mediador em relação ao Espírito Santo, pois somente Jesus nos pode doá-lo e manter nossa intimidade obediente. Se colocarmos Jesus à margem, perdemos nossa comunhão com o Pai e nosso elo com o Espírito Santo.

Porém, o Filho de Deus, realizada sua páscoa, sai da visibilidade da história, isto é, da possibilidade de ser tocado pelos sentidos do corpo e, no entanto, não muda o critério da salvação, que continua sendo histórico. Quando reuniu os discípulos no monte que tinha sido determinado (cf. Mt 28,16), ele foi arrebatado, gerando uma sensação de distanciamento (cf. Lc 24,50). Mas, na verdade, elevou-se à vista deles, sendo ocultado de seus olhos por uma nuvem (cf. At 1,9). Então, Jesus não partiu, apenas mudou o processo de comunicação, agora não mais pelos sentidos do corpo, mas pelo dom da fé, pois *o que era desde o princípio, o que temos ouvido, o que temos visto com os nossos olhos, o que temos contemplado e as nossas mãos têm apalpado [...] o que vimos e ouvimos nós vos anunciamos* (1Jo 1,1-3). Depois da ressurreição de Cristo, a Igreja continua anunciando uma verdade concreta que as mãos tocam, os olhos veem, os ouvidos captam, pois o processo da salvação, por ser histórico, exige a mediação dos sentidos do corpo. Por isso mesmo Jesus se encarnou. Se ele não pode mais ser tocado pelos sentidos do corpo, haverá outra forma de fazê-lo por instrumental mediação. Agora, mais uma vez, o próprio Senhor deve indicar o caminho pelo qual o processo da salvação continua na história. Aí entra em cena a liturgia.

2. A liturgia continua a obra da salvação

Cristo não saiu do panorama histórico sem ter deixado o meio pelo qual a história da salvação continua seu caminho inexorável até que terminem os séculos. E por meio da liturgia ele determinou que o processo da salvação continuasse. Antes de sofrer, reuniu o grupo e, depois de ter-lhes dito: *Tenho desejado ardentemente comer convosco esta Páscoa* (Lc 22,15), celebrou a Ceia e instituiu o memorial pascal para ser realizado até o fim dos tempos. Estava, então, naquela noite, selada a Nova Aliança no sangue do Filho de Deus, o Cordeiro que tira o pecado de uma vez para sempre. Portanto, o caminho estava aberto. Agora competia aos apóstolos caminhar por ele e ensinar o mundo inteiro a fazer o mesmo.

Antes de ser arrebatado e sentar-se à direita de Deus Pai, o Senhor se manifestou aos Onze durante uma Eucaristia[6] e disse: *Ide por todo o mundo e pregai o Evangelho a toda criatura. Quem*

---
6 Estavam à mesa (Mc 16,14).

crer e for batizado será salvo, mas quem não crer será condenado (Mc 16,15-16). A Ceia e o Batismo são sacramentos litúrgicos, que, somados aos outros cinco sacramentos e aos sacramentais, constituem meios para que a salvação continue seu caráter histórico, transformando sensivelmente as pessoas pelo toque de Cristo, sem que, contudo, elas o vejam pelos sentidos do corpo. Da mesma forma, como antes, Cristo é o agente operante, por meio do Espírito, que continua realizando a obra da salvação pela liturgia. Por isso, desde o início até o encerramento, a liturgia está absolutamente centrada na Pessoa de Jesus Cristo, representado por todos os serviços ministeriais e símbolos centrais, como o altar, o ambão, a Escritura etc. Está de forma real e substancial nas espécies consagradas. Porém, nas coisas mais simples, não se foge ao cristocentrismo litúrgico.

Por isso, desde a última Ceia "a Igreja nunca deixou de se reunir para celebrar o mistério pascal, lendo o 'que dele se fala em todas as Escrituras'" (SC 6). Ao reunir-se para fazer memória de Jesus e comer a Ceia, a Igreja sabe que foi ele mesmo quem a reuniu, e nessa reunião ele cura as feridas que cada um traz em sua alma, pois sobre a cruz ele carregou nossos pecados em seu próprio corpo, a fim de que, mortos para o pecado, nós vivamos para a justiça, pois, por suas feridas, fomos curados (cf. 1Pd, 2,24). Assim a Igreja vai seguindo o rumo traçado pelo Mestre, vivendo em cada amanhecer a experiência da presença gloriosa de Jesus: *Desde o raiar do dia, vos apresento minha súplica e espero* (Sl 5,3); e em cada anoitecer, ela acalenta a esperança de que o amanhã possa ser o dia em que ele venha buscá-la para levá-la consigo para sempre. Essa a causa original da escatologia cristã.

Assim, a Igreja vive embalada pelo sonho de estar com ele para sempre, fazendo da esperança na vida eterna sua causa principal, pois dia após dia vive em atitude de vigília, consciente de que quem espera não pode se distrair. A Igreja é, portanto, orante por natureza, sempre à espera do amanhã que traga o Sol que não conhece ocaso, o dia que não tem fim. Se essa espiritualidade não se tornar o eixo da vida cristã, a Igreja não tem nada de especial a oferecer ao mundo. É mais uma força social entre

2. A liturgia continua a obra da salvação

tantas. Os que não têm o dom da fé contam seus dias como um dia a menos na chance de buscar a felicidade neste mundo; já os que têm fé fazem uma contagem diferente, na qual cada dia é um a mais na perspectiva da eternidade, ou seja, um dia a mais de espera e de consolo no Espírito Santo, pela aproximação daquele dia, que não será o dia da ira, mas do feliz encontro entre a criatura e o Criador.

Sem negar que Cristo tenha outros meios de manifestação, afirmamos que a liturgia é o poderoso caminho no qual a salvação se faz história. Para tanto, a presença de Cristo é garantida, como ensina a Constituição *Sacrosanctum Concilium* sobre a liturgia: Cristo está presente, com sua força, na pessoa do ministro, na Palavra proclamada, na assembleia reunida e, sobretudo, nas espécies consagradas (SC 7). Está presente também na oração e no canto da Igreja (SC 7). No último item incluímos, em primeiro lugar, a liturgia das horas, essencialmente constituída de salmos e hinos, que, em nome de Cristo, a Esposa eleva ao Esposo, encantada com sua bondade e enlevada por seu amor. Assim ela vivencia as horas de cada dia sem parar de cantar, como esposa apaixonada. E nunca se cansa de cantar, porque ao cantar, ela entra em comunhão com ele, fazendo o amor expandir-se. Diz a Constituição *Laudis Canticum*:

> O cântico de louvor, que ressoa eternamente nas moradas celestes, e que Jesus Cristo, Sumo Sacerdote, introduziu nesta terra de exílio, foi sempre repetido pela Igreja, durante tantos séculos, constante e fielmente, na maravilhosa variedade de suas formas.[7]

Quando a Igreja salmodia é Cristo quem ora ao Pai, e quando Cristo ora ao Pai, associa a si a sua Igreja. Por isso, em nossa peregrinação pelo mundo, o cântico de louvor que a Igreja eleva ao Pai por meio de Cristo tem seu perfeito lugar na liturgia das horas, para que o tempo seja vivido como espera jubilosa da Parusia, ocasião da segunda vinda de Cristo na história. Se deixar de orar, a Igreja se distrai e perde seu carisma.

---

[7] PAULO VI, *Constituição apostólica "Laudes Canticum"*. In: *Ofício Divino* renovado conforme decreto do Concílio Vaticano II. São Paulo: Vozes/Paulinas/Loyola/Paulus/Ave-Maria, 1999, p. 13.

Agora podemos nos perguntar como se dá essa fenomenologia da salvação por meio da liturgia. Se não é mágica, mas histórica, quais são os caracteres sensíveis que fazem da liturgia uma manifestação tão poderosa de Cristo e uma doação tão magnífica de seu Espírito? Vamos tentar essa resposta, por meio de quatro chaves de interpretação do culto litúrgico: a beleza, a ordem, a ágape e o êxtase.

3. A beleza na liturgia

A beleza é chave de interpretação da liturgia que nos leva ao ser de Deus, pois, segundo Claudio Pastro, "a beleza é o ser mesmo de Deus".[8] Esse transporte é possível porque Deus é a fonte da beleza nas criaturas ou a Beleza em si, como diz Navone: "As coisas são belas porque seu Criador é a Beleza em si".[9] Diz o mesmo autor que "a Beleza desperta o olhar jubiloso de amor, a observação contemplativa jubilosa do amor divino e humano".[10] Por isso estamos tratando de um mistério que encanta e deleita; que gera alegria e paz.[11] Portanto, a beleza nos captura com seu poder sutil de atrair-nos por meio do deleite que nos faz sonhar.

Normalmente os autores costumam situar a beleza numa tríade: beleza, verdade e bondade. A Beleza, a Verdade e a

---
8 C. PASTRO. *O Deus da beleza*: educação através da beleza. São Paulo: Paulinas, 2008, p. 43.
9 J. NAVONE. *Em busca de uma teologia a beleza*. São Paulo: Paulus, 1999, p. 22.
10 Ibidem.
11 Cf. Ibidem p. 11.

Bondade em si existem somente em Deus, porque Deus é beleza, bondade e verdade. A beleza fora de si é a beleza das criaturas, reflexo da Beleza em si, sem nunca se confundir com ela. Não tem nada de panteísmo. A comunhão entre beleza, bondade e verdade garante que a beleza verdadeira nunca se confunda com a falsa beleza, que atrai para destruir. Essa beleza é chamada por Navone de "beleza sedutora".[12]

A beleza verdadeira esparge os raios da luminosidade e do resplendor. Tudo o que é belo é radiante. Além disso, tem justa proporção e plenitude.

> As palavras, por exemplo, têm beleza quando dispostas em uma ordem que permite à luz da razão brilhar através delas. Similarmente, as notas musicais, quando bem orquestradas, soam harmoniosas e agradáveis aos ouvidos. O mesmo ocorre com os atos humanos, que possuem beleza espiritual quando harmonizados pela luz da razão. O comportamento conveniente atrai; o comportamento desabrido afasta.[13]

A beleza que aparece na liturgia como celebração dos sacramentos e sacramentais significa, teologicamente, o prolongamento dos gestos de Cristo, pois "a comunidade de fé cristã reconhece em Jesus Cristo o poder da Beleza em si para inspirar, motivar, transformar e modelar a vida humana".[14] Isso quer dizer que a beleza da liturgia não está, em primeiro plano, no aparato humano e exterior ao qual a liturgia, por funcionar em regime de sinais sensíveis, naturalmente tem de recorrer. Está, sim, em sua capacidade de prolongar os gestos de Cristo, que são belos por excelência. Nada mais belo que o Menino de Belém crescendo no amor de uma Família Sagrada, o jovem da Galileia expandindo-se em seu mundo interior e nas relações pessoais e sociais, o pregador incansável e amoroso capturando as multidões pelo poder da palavra: *Jamais homem algum falou como este homem!* (Jo 7,46). E, por fim, nada mais belo do que a

---
12 Ibidem p. 49.
13 Ibidem p. 81.
14 Ibidem p. 6.

3. A beleza na liturgia

nobreza com que a Beleza se deixou esmagar na cruz, paradoxo que nos toca para que nos deixemos tocar por um amor tão radical e pleno. O Imortal passou pela morte em solidariedade aos que não podem evitá-la. Assim, nos chamou a ir atrás dele sem medo de sermos aniquilados. Dessa forma, abriu caminho para que o inimigo da vida fosse vencido pelo próprio veneno, e os pobres mortais não sucumbissem ao terror da morte. Isso levou o Apóstolo a zombar da morte: *A morte foi tragada pela vitória. Onde está, ó morte, a tua vitória? Onde está, ó morte, o teu aguilhão* (1Cor 15,55). Justamente, a morte foi vencida porque a Beleza falou mais alto:

> Contemplada com espírito sincero, a beleza fala diretamente ao coração, eleva interiormente do espanto ao maravilhamento, da admiração à gratuidade, da felicidade à contemplação. Por isso cria um terreno fértil para a escuta e o diálogo com o homem para envolvê-lo inteiramente, mente e coração, inteligência e razão, capacidade criativa e imaginação. Ela, de fato, dificilmente nos deixa indiferentes: suscita emoções, move um dinamismo de profunda transformação interior que gera alegria, sentimento de plenitude, desejo de participar gratuitamente dessa mesma beleza, de apropriar-se dela, interiorizando-a e inserindo-a na própria existência concreta.[15]

Para a liturgia nos capturar com sua beleza, é necessário nos desarmarmos de nossas defesas. Tais defesas são, na verdade, resistências à beleza. Somente o despojamento do humano pode permitir que a beleza divina apareça e transforme o humano. Como diz François Cassingena-Trévedy, "a liturgia é bela na medida em que, no despojamento completo, na renúncia total ao supérfluo, deixa aparecer os gestos fundamentais de Cristo e, de maneira ainda mais radical, deixa aparecer o Gesto em pessoa, o Gesto de Deus para nós, que é o Cristo mesmo".[16]

---
15 ASSEMBLEIA PLENÁRIA DOS BISPOS. *Via pulchritudinis – o caminho da beleza*: caminho privilegiado de evangelização e de diálogo. São Paulo: Loyola, 2006, p. 22.
16 F. CASSINGENA-TRÉVEDY. *La belleza de la liturgia*. Salamanca: Sígueme, 2008, p. 24.

Portanto, a beleza litúrgica não depende essencialmente do humano, mas do divino, ao qual se associa, compondo uma singular sinergia. Somente aí se encontra o autêntico sentido teológico da beleza na liturgia, que tem nos gestos de Cristo sua fonte. Aqui também se fundamenta a afirmação de que a liturgia de fonte é a liturgia celeste, na qual a liturgia terrestre inspira-se, como afirma Jean Corbon.[17] Diz o Vaticano II que "na liturgia da terra nós participamos, saboreando já, da liturgia celeste, que se celebra na cidade santa de Jerusalém para a qual nos encaminhamos como peregrinos[...]".[18]

Na liturgia, a gestualidade é simples e austera. Ela não exibe, mas integra e reapresenta sacramentalmente o drama da cruz e a madrugada da ressurreição, sem sair do estilo da "nobre simplicidade", expressão tão cara à *Sacrosanctum Concilium*.[19] Por isso a liturgia prima pela qualidade e não pela quantidade, pela densidade interna e não pela expansividade exterior. A ação litúrgica condensa a profundidade do silêncio e a densidade da solenidade, dispensando excesso de palavras e gestos porque o movimento que a constitui é centrípeto e não centrífugo; centrado e não dispersivo. Liturgia não tolera exagero.

Assim, nossos gestos são os gestos de Cristo, na medida em que nos entregamos a Ele. O verbo *entregar* tem um peso muito significativo no contexto da celebração litúrgica. Entregar-se a Cristo significa entregar-se à experiência transcendente da beleza, pois como já profetizava o salmo a respeito do Messias: *Sois belo, o mais belo dos filhos dos homens. Expande-se a graça em vossos lábios* (Sl 44[45],3). Não resta dúvida de que a beleza na liturgia tem caráter terapêutico, pois a forma que Deus imprimiu em todas as coisas reflete a bondade do ser. Quando a realidade deixa de ser formosa é porque está deformada e desfigurada, e somente a beleza, como dom divino, pode curá-la. Tudo o que Deus criou tem ser, e tudo o que tem ser é belo.

Sem desprezar os outros sinais que aparecem na liturgia, um dos elementos mais importantes para garantir a beleza é o canto

---

17 J. CORBON, *Liturgia de Fonte*. São Paulo: Paulinas, 1981.
18 SC 8.
19 SC 34.

• 3. A beleza na liturgia •

litúrgico, que, além da melodia harmoniosa e cativante, deve conter letra liturgicamente coerente com o momento em que se canta, e ser teologicamente correta, de preferência bíblica. Quando o Concílio colocou em destaque a participação da assembleia por meio do canto litúrgico, afirmando que "a ação litúrgica ganha em nobreza quando o serviço divino se celebra com solenidade e é cantado tanto pelos ministros e pelo povo" (SC 113), não aposentou os corais, mas sonhou que toda a assembleia formasse um grande coral. Ora, um grande coral exige mais esforço dos cantores, mais tempo para os ensaios, mais formação, mais investimentos. Nesse campo, a pobreza que se instaurou na maioria das igrejas gerou resultados desastrosos para a beleza na liturgia. Sonha-se com o dia em que a liturgia engaje todos os fiéis no canto novo que a Igreja eleva ao seu Senhor, nesta terra de peregrinos. Esse canto, ouvido de longe por quem passa pelo caminho, deve tocar o coração pela beleza. A beleza é um caminho privilegiado para Deus, como disse a Assembleia Plenária dos Bispos, reunidos na Cidade do Vaticano, em 2006:

> O caminho da Beleza, a partir da simples experiência do encontro com a beleza que suscita impacto, pode abrir a estrada da busca de Deus e dispor o coração e a mente para o encontro com Cristo, Beleza da Santidade Encarnada, oferecida por Deus aos homens para a sua salvação.[20]

A liturgia é o lugar da beleza por excelência. Assim como as orações, tendo como modelo a Oração Eucarística, a homilia deve exalar a beleza de uma mensagem cativante pela sua clareza e poder de comunicação. Enfim, liturgia é a beleza em ato.

---

20 ASSEMBLEIA PLENÁRIA DOS BISPOS. *Via pulchritudinis – o caminho da beleza*: caminho privilegiado de evangelização e de diálogo. São Paulo: Loyola, 2006, p. 13.

4. A ordem na liturgia

Unido à beleza, vem o segundo pilar da liturgia: a ordem. A investigação sobre a *ordem na liturgia* mostra como a celebração da fé é criadora de ordem e organizadora do espaço e do tempo, justamente porque beleza tem a ver com harmonia, e harmonia com ordem. É interessante haver uma teoria segundo a qual a arte matemática de contar com números não surgiu das necessidades práticas, mas da imprescindibilidade religiosa de representar os mitos da criação, pois era preciso chamar os participantes à cena na ordem estritamente correta. Os números ordinais teriam surgido primeiramente em virtude da exigência ritual.[21] Na mesma linha, a gramática teria nascido na antiga Índia, quando se sentiu que era essencial manejar com absoluta correção de linguagem os textos sagrados.[22]

---

[21] Cf. V. S. COSTA. *Viver a ritualidade litúrgica como momento histórico da salvação*: Participação litúrgica segundo a *Sacrosanctum Concilium*. São Paulo: Paulinas, 2010. 2ª edição. p. 60.
[22] Cf. X. ZUBIRI. *Naturaleza historia y Dios*. Madri: Aliança Editorial, 2007. 13ª edição. p. 33.

A liturgia sugere sempre caráter estruturado, hierárquico e autônomo. Ela não pode jamais ser apossada por grupos ou tendências que querem marcar sua presença. Isso fere a natureza da liturgia e a esfacela. Trata-se, portanto, da liturgia da Igreja, na qual todo o aparato conceitual que constitui o Dogma tem a beleza como única forma de expressão. E aí reside o gênio litúrgico do cristianismo.

Teologicamente, a ordem na liturgia significa a retomada da ordem que Deus imprimiu na Criação e que o pecado desfigurou. O Mediador dessa ordem é Jesus Cristo. Para isso acontecer, devemos entregar nosso ser e nosso tempo àquele que é o Senhor da vida e do tempo, por isso o único que ordena as pessoas, o tempo e o espaço de acordo com a ordem primitiva da Criação.

No modo de estruturar as coisas, a ordem na liturgia tem cunho centrípeto e funciona como resgate dos fragmentos da dispersão centrífuga. É processo de interiorização que põe ordem em todo o mundo sensível e material e o assume com generosidade e entusiasmo, ressaltando seu sentido e sua beleza. Busca o equilíbrio ecológico no mundo presente e, ao mesmo tempo, anuncia o futuro no qual reina a ordem perfeita.

A liturgia põe ordem na comunidade e em cada pessoa. Mas para isso é imprescindível nos deixarmos ser possuídos, despojados e restaurados pela liturgia da Igreja. Mais uma vez, a palavra entrega é fundamental, pois somente é ordenado pela liturgia quem se deixa possuir por ela. Aqui, igualmente, a liturgia tem função terapêutica, na medida em que cura nossas almas da desordem estabelecida pelo pecado e da dimensão caótica que gerou na existência humana.

Em função da beleza e da ordem, as rubricas são instrumentos que assumem papel preponderante. Devem ser conhecidas a fundo em seu caráter "orientativo", não simplesmente para uma execução fria, mas para delas se extrair o tesouro teológico escondido sob forma normativa, de tal maneira que a celebração seja o prolongamento da beleza dos gestos de Cristo e ordene o mundo e cada pessoa de acordo com a harmonia da Criação.

4. A ordem na liturgia

E ainda coloque todas as realidades em perspectiva cósmica, libertando-as da dimensão caótica.

Somente um investigador desapaixonado e desvinculado de qualquer tendência ideológica tem acesso a esse tesouro e mostra que as rubricas não se enquadram nos parâmetros do "certo" ou do "errado", pois a liturgia não é questão moral, mas questão de fé. A pergunta não deve questionar o que está certo ou errado, mas o que mostra ou esconde a beleza dos gestos de Cristo e a ordem que ele imprimiu na nova Criação, tirando-nos do caos em que o pecado nos lançou. Esses devem ser os parâmetros que norteiam qualquer nível de avaliação litúrgica, seja em um curso acadêmico ou na formação pastoral.

Alguns princípios que devem ser norteadores são apresentados agora, tendo a beleza e a ordem como pilares fundamentais.

1. A expansão que ocorre na celebração da liturgia é movimento interior que encontra sua expressão no exterior. Isso significa que toda expansividade exterior que não brote de experiência interior é puramente gesto humano e, muitas vezes, manipulação.

2. As rubricas que estão nos livros litúrgicos são normas preciosas para a garantia da beleza e da ordem que fazem parte da essência da liturgia.

3. Os textos e as falas devem ser absolutamente corretos para se enquadrarem no princípio da beleza e da ordem.

4. A homilia faz parte da liturgia. Portanto, também se enquadra no princípio que exige absolutamente uma fala correta, do ponto de vista gramatical e do conteúdo, além de, formalmente, supor uma conversa familiar.

5. O espaço litúrgico deve ser fiador da ordem e da beleza que reinam na liturgia. A comunidade deve ser educada para esse princípio fundamental. Toda iniciativa de ordem pedagógica que polui o espaço litúrgico deve ser questionada pela própria comunidade, que busca em sua

igreja um prenúncio daquela ordem e beleza que reinam na eternidade. Liturgia, antes de ser questão prática, é questão de fé. Portanto, vale a pena considerar a teologia do espaço para configurá-lo adequadamente. O espaço litúrgico deve representar a montanha sagrada, bela e altaneira de que fala o Salmo 48,2, para onde o povo de Deus acorre a fim de ouvir sua Palavra e alimentar-se de sua presença, presença hoje absolutamente próxima por causa de Cristo.

6. A falta de respeito pela natureza da liturgia anula seu caráter terapêutico e deixa a comunidade infeliz.

7. Qualquer avaliação a respeito da ação litúrgica com tudo que ela envolve não deve perder-se na senda e na polêmica do certo ou errado, mas deve mergulhar na racionalidade do belo e do ordenado. O que não indicar beleza e mostrar confusão constitui ponto negativo para avaliação litúrgica coerente.

5. A ágape na liturgia

Outra chave de interpretação litúrgica é a ágape, cuja análise faremos ao longo deste capítulo. *Ágape*[23] é palavra grega que o Novo Testamento usa para definir o *amor de Deus* que foi derramado em nossos corações pelo Espírito Santo, doado de forma sacramental no Batismo (cf. Rm 5,5). O amor de Deus, ágape, continua derramando-se em todos os outros sacramentos e nos sacramentais para operar, no caso dos sacramentos, a graça específica: para o casal cristão, ágape é a graça da comunhão esponsal que constitui a família; para os ministros ordenados, a graça da comunhão esponsal com a Igreja; para o penitente, a reconciliação; para o enfermo, a graça da saúde total ou a força para fazer sua páscoa derradeira. De qualquer forma, a iniciação cristã é a base para toda a evolução da fé no amor de Deus, ágape.

---
23 Uma explicação mais detalhada sobre o que é ágape encontra-se em V. S. COSTA. *O amor de Deus*: teologia da redenção. São Paulo: Palavra e Prece, 2012.

A liturgia celebra o mistério pascal de Cristo, que é a auto-doação do Filho de Deus, cuja vida histórica, em três décadas, constitui a mais contundente demonstração de amor que a humanidade e todo o cosmo já tiveram. De Belém ao Calvário, há uma constante: o amor: *Antes da festa da Páscoa, sabendo Jesus que chegara a sua hora de passar deste mundo ao Pai, como amasse os seus que estavam no mundo, até o extremo os amou* (Jo 13,1). O prólogo do capítulo treze de São João introduz o *lava-pés*, que, no Evangelho do discípulo amado, faz parte do memorial da Última Ceia. Por isso é assumido como rito na celebração vespertina da Ceia do Senhor, na Quinta-feira Santa, não como alegoria ou folclore. Celebrar é tornar célebre, solenizar, fazer memória. Se o amor é a força com que Jesus dinamizou sua missão neste mundo, a celebração do evento único que constituiu essa missão não pode ser realizada e compreendida senão a partir do pressuposto do amor como fundamento.[24] A liturgia não pode deixar de ter como uma das chaves de interpretação o amor com que Cristo amou a humanidade e a colocou no coração dos discípulos como o instrumento da nova relação que brota do mistério da Páscoa. Vejamos como o amor é pilar e identidade da liturgia.

Quando, na saudação inicial, o sacerdote, usando, entre outras fórmulas do missal romano, faz ao povo na Missa esta tão magnífica: *A graça de Nosso Senhor Jesus Cristo, o amor do Pai e a comunhão do Espírito Santo estejam convosco*; e o povo responde: *Bendito seja Deus, que nos reuniu no amor de Cristo*, ele está falando não de um amor qualquer, mas do amor de Deus (ágape). Na mesma linha, a terceira invocação do nº 3 das alternativas do ato penitencial, quando diz: *Senhor, que muito perdoais a quem muito ama* [...], está falando igualmente da ágape e não do limitado amor humano. Quando o presidente convida a assembleia a rezar com *amor e confiança* o Pai-Nosso, só pode estar se referindo também à ágape. Quando diz ao povo, no rito da Paz: *O Senhor esteja convosco*, e a assembleia responde: *o*

---
24 Sobre o tema específico, ler o capítulo A Liturgia é o amor celebrado. In: V. S. COSTA. *O amor de Deus*: teologia da redenção. São Paulo: Palavra e Prece, 2012. p. 63-72.

• 5. A ágape na liturgia •

amor de Cristo nos uniu, a assembleia litúrgica está constatando que a ágape reuniu o povo para celebrar sua fé (*o amor de Deus nos reuniu*) e o uniu na mais perfeita unidade em vista da comunhão. Em todos esses casos, trata-se do amor divino (ágape*)* manifestado em Cristo e derramado pelo Espírito Santo. Portanto, o povo responde com o mesmo amor com o qual Deus Pai ama o Filho, e o Filho nos ama também. Amor concedido pela graça do Batismo, que se expande em todos os outros sacramentos e nos sacramentais.

Como já referimos, a palavra que o Novo Testamento usa para expressar o amor de Deus é ágape. Devemos investigar quais suas implicações e fundamentos, e questionar de que forma o amor de Deus transforma o amor humano. E, ainda, como celebrar o amor divino por meio de ritos e preces? Esse é o tema sobre o qual nos debruçaremos a seguir, pois nenhuma chave de interpretação pode ser usada sem definição, além do que os reflexos para a celebração litúrgica são evidentes, pois liturgia é questão de amor e fé.

No mundo grego clássico há duas palavras que têm a ver diretamente com o amor: eros e ágape. Eros é substantivo masculino e ágape, feminino. Assim vamos tratar as duas palavras, construindo um método de linguagem. O que há de comum e diferente entre ambas constitui um desafio para se compreender o amor cristão em toda sua amplitude e complexidade. Segundo o papa Bento XVI, eros era o amor entre homem e mulher, que não nasce da inteligência e da vontade, mas de certa forma impõe-se ao ser humano.[25] De qualquer modo, eros foi concebido como divindade que simbolizava os vários aspectos do amor humano. Embora, em Hesíodo, eros apareça em oposição à razão, na maioria dos pensadores clássicos é visto como força unificadora, próxima daquilo que Heráclito chamava de "harmonia oculta".[26] Portanto, eros está no eixo da vida, faz parte do que ela tem de mais profundo, real e tocante; não é, portanto, apenas virtude ou potência da vontade, mas realidade

---

25 Cf. BENTO XVI. *Encíclica Deus caritas est*. São Paulo: Paulus/Loyola, 2006, nº 3.
26 Cf. R. CRISP. Eros. R. AUDI. *Dicionário de filosofia de Cambridge*. São Paulo: Paulus, 2006, p. 282.

ontológica e metafísica. Porém, a divinização de *eros* levou à subjugação da razão por parte de uma "loucura divina", afirma o Papa; um tipo de inebriamento que não significa subida, mas queda. "O eros degradado a puro 'sexo' torna-se mercadoria, torna-se simplesmente uma 'coisa' que se pode comprar e vender; antes o próprio homem torna-se mercadoria".[27]

Por outro lado, o termo ágape foi concebido como aquele amor desinteressado e abrangente, sempre movido pelo bem.[28] Por isso, tornou-se a palavra mais usada pelo Novo Testamento para significar o amor de Deus. Não foi exatamente uma novidade cristã, pois no próprio mundo grego, antes de Cristo, começou-se a apontar um contraste entre eros e ágape. Demócrito (c. 460-370 a.C) foi o primeiro a indicá-lo.[29]

Na era apostólica, São Paulo e São João mergulharam tanto no mistério que se esconde por trás da palavra ágape, que a adotaram como termo para expressar a teologia do amor que está no eixo do mistério pascal. Indubitavelmente, a iniciativa paulina foi inédita e se tornou referencial teológico. Para compreendermos como o Apóstolo chega a essa conclusão revolucionária, é necessário entender o cunho de sua obra. Sem desmerecer a farta literatura sobre o tema, recorremos ao filósofo e teólogo espanhol Xavier Zubiri, que, a nosso ver, dá contribuição ímpar na questão:

> A obra de São Paulo é, em primeiro lugar, uma catequese vivente destinada à constituição de *comunidades cristãs* agrupadas em torno de Cristo, que, *gloriosamente*, vive não só nos céus, mas também na terra, depois da ressurreição. Para São Paulo, o fundamento dessas agrupações, dessas "igrejas" no seio da "Igreja", não consiste tão somente na participação em certos ritos ou em certo regime de vida prática (ambas as coisas são somente consequência do dado fundamental), senão, sobretudo, em uma transformação da

---

27 BENTO XVI. *Encíclica Deus caritas est*. São Paulo: Paulus/Loyola, 2006, nº 5.
28 Cf. M. R. ADAMS. Ágape. R. AUDI. *Dicionário de filosofia de Cambridge*. São Paulo: Paulus, 2006. p. 11.
29 Cf. R. CRISP. Eros. R. AUDI. *Dicionário de filosofia de Cambridge*. São Paulo: Paulus, 2006. p. 282.

nossa existência inteira, consequência, por sua vez, de uma transformação do nosso ser inteiro, de uma deificação por sua união com Cristo.[30]

Por isso podemos dizer que, para São Paulo, a ágape não era apenas uma virtude da vontade, mas realidade ontológica e metafísica, componente da raiz e do núcleo do ser. Aí está o aspecto revolucionário da teologia paulina e o dado de que fala Zubiri: *a transformação da existência inteira* (revolução moral) *só ocorre porque os cristãos passam por uma transformação mais radical ainda: a transformação do ser* (revolução ontológica). Isso é ressaltado na teologia sacramental com o conceito de *caráter*, impresso pelos sacramentos do Batismo, da Crisma e da Ordem.

Para São Paulo, a ágape é realmente realidade ontológica e metafísica, preexistente à criação, destinada a ser um eixo da existência humana. Ele afirma que, em Cristo, Deus Pai nos escolheu antes da fundação do mundo para sermos santos e irrepreensíveis na ágape (cf. Ef 1,4). Por isso mesmo, *no seu amor nos predestinou para sermos adotados como filhos seus por Jesus Cristo* (Ef 1,5). E quem é o Amado, senão aquele que foi engendrado pela ágape do Pai, isto é, o Filho? A consequência do dado fundamental a que Zubiri se refere é esta: assim como Cristo, em cujo ser transborda a ágape, também os cristãos, ao se agregarem a Cristo, são igualmente tomados pela mesma ágape; e a recebem da fonte da qual Cristo recebeu: o Pai. O dado é, antes de tudo, elemento litúrgico, pois o momento pontual em que a ágape é derramada pela primeira vez em nossos corações, instalando-nos na situação metafísica do amor, é o Batismo (cf. Rm 5,5). A partir dessa revolução ontológica, os cristãos não podem senão realizar sua revolução moral, isto é, transformar radicalmente a existência, sob pena de se tornarem os mais estranhos entre os seres humanos, porque bloqueiam o seu próprio ser. É lógico que a Igreja só pode exigir das pessoas que vivam no amor, depois de lhes ter possibilitado o Batismo, por meio do qual elas se tornam fiéis, no dizer de Aparecida,

---

30 X. ZUBIRI. *El ser sobrenatural: Dios y la deificación en la teología paulina*. Barcelona: Herder, 2008. p. 145.

discípulas e missionárias do Senhor. Por isso o Batismo é central no mandamento missionário que Cristo deu aos discípulos: ir até os confins da terra e evangelizar as pessoas, batizando-as em nome do Pai, do Filho e do Espírito Santo.

Igualmente, é lógico que somente após o Batismo as pessoas têm condição real de celebrar os demais sacramentos. Em outras palavras, é preciso sacramentalmente acolher o amor e nele ser instalado para celebrá-lo plenamente. Logicamente, os batizados não devem ter outra vida senão aquela vivida no amor. Vejamos como São João assume as ideias paulinas e as aprofunda no Evangelho e nas Cartas.

No Evangelho, o discípulo amado não poupa sua pena para insistir que entre Jesus e o Pai há relação de amor tão infinita e perfeita, que o ato de dar e retomar a vida inscreve-se no âmbito da liberdade circunscrita no amor. Justamente o Pai ama o Filho porque ele dá a vida para retomá-la, e a retoma no ato mesmo de entregá-la (cf. Jo 10,17). Há aí movimento tão íntimo e perfeito, que a simultaneidade com que a ágape coloca na mesma operatividade dar e receber revela que o tempo foi vencido, não havendo nenhuma separação entre dar e receber. Entre o Pai e o Filho a troca é tão perfeita, que o ato de dar e receber coincide. Nessa linha Francisco de Assis diz que é dando que se recebe. É preciso guardar bem a ideia, pois ela é importante para a compreensão da teologia litúrgica.

Na primeira Carta, São João dá um salto na lógica do raciocínio. Ao convocar os cristãos a viverem a experiência da ágape, explicita sua realidade substantiva: a ágape é um ser, é o amor de Deus (cf. 1Jo 4,7), porque Deus é ágape (cf. 1Jo 4,8). Na forma como o evangelista coloca, fica afastada toda possibilidade adjetiva: a ágape não é qualidade divina, mas é o ser mesmo de Deus. Sendo assim, Deus não pode fazer outra coisa senão amar. Para a mentalidade grega, a perfeição de cada ser está em *ser o que é*. A perfeição de Deus, portanto, consiste em amar, porque Deus é amor. Se por um segundo deixasse de amar, Deus seria imperfeito.

As afirmações nos ajudam a entender melhor a ordem de Cristo: *Perseverai no meu amor* (Jo 15,9). O imperativo

5. A ágape na liturgia

mostra que o amor é ontológico e metafísico, tem de ser pleno de realidade substantiva. O que fica ainda mais claro quando Cristo, antes de mandar os discípulos permanecerem em sua *ágape*, manda-os permanecer nele mesmo: *permanecei em mim* (Jo 6,56; 15,4; 15,7). Cristo e ágape são a mesma coisa, ou seja, Cristo é ágape. Permanecer significa estavelmente *ser de forma imanente*. Implica entrar no movimento íntimo do amor de Cristo como ser. É preciso sublinhar a palavra *movimento*, sobre a qual voltaremos mais tarde, quando se estudar a chave de interpretação litúrgica segundo o primado da adoração como expressão do êxtase.

Ao dizer *permanecei no meu amor*, Cristo está afirmando que os discípulos devem superar o amor imperfeito e se instalar na ágape do Filho de Deus. Embora alguns teólogos neoplatônicos tenham chamado o amor de Deus de eros, a maioria seguiu, como São João, a intuição paulina, aprofundando a diferença entre a ágape e eros. Os latinos de inspiração helênica fizeram uma distinção teológica importante: eros é o amor humano; ágape é o amor divino.

Ainda na primeira Carta, João diz: *nós temos reconhecido a ágape de Deus entre nós e nela acreditamos* (cf. 1Jo 4,16). Não se trata, portanto, do amor humano ou amor natural e nem de seu derivado *filia* (amizade), mas do amor de Deus, muitas vezes traduzido por *caridade*, sobretudo a partir da Vulgata, que marcou a tendência latina na tradução dos textos sagrados.

Para entendermos de que amor a liturgia está falando, é preciso aprofundar tanto a semelhança como a distinção entre eros e ágape. Frequentemente se aponta oposição não muito saudável entre ambos: ágape é o amor divino, porém contraposto a eros, o amor humano; ágape, o amor transcendente, eros, o amor mundano; ágape, o amor descendente e generoso, eros, o amor ascendente e ambicioso. Tudo isso tem um pouco de verdade, mas não pode ser radicalizado. A grande verdade é que ágape é a evolução de eros purificado de seu egocentrismo. Ágape engloba eros, mas eros não engloba ágape. Teologicamente, significa que o amor de Deus derramado em nossos corações pelo Espírito Santo que nos foi doado (cf. Rm 5,5) não anula a força vital de eros, mas a transforma, dando-lhe uma qualidade superior que não permite que degenere e se torne fonte de pecado, mas de santidade. Nessa altura, eros passa por uma purificação tão grande que se torna outra coisa. Mas por se tratar de evolução processual, ambas não se opõem, porque, sem a força natural de eros, ágape não subsiste.

Nesse sentido, eros e ágape têm dimensão metafísica e, por isso, afetam o ser por inteiro, e não apenas a vontade como faculdade do ser. Amar não é apenas questão de querer, mas impulso do ser. Aí a liturgia se coloca. Celebra-se a fé não porque se quer (ato da vontade), mas porque se está imbuído do amor de Deus, que busca expressão por meio do rito.

A segunda relação comum é que eros e ágape obrigam a pessoa a sair de si ao encontro do outro. Não fosse isso, as pessoas morreriam enclausuradas no casulo da solidão. Sem se relacionar, as pessoas tornam-se extremamente doentes. Por isso, ágape e eros obrigam à comunicação em função da sobrevivência ontológica.

Contudo, há diferenças intrínsecas entre a ágape e eros. E aqui as elencaremos, partindo de ideias extraídas de Zubiri.

Eros tira a pessoa de dentro de si, sob influência da atração da outra, pois a pessoa carente acha que o outro tem o que exatamente lhe falta. Porém, uma relação assim é sempre baseada no ato de sugar em benefício próprio. É atração típica da carência, e a estrutura relacional é extremamente pobre porque se funda no interesse unilateral e não possibilita partilha.

A ágape é o amor oblativo, que nada busca no outro a não ser compartilhar sua perfeição em forma de autodoação. A palavra corretamente bíblica para expressar a operatividade desse amor é o *derramamento*, pois um amor de uma natureza dessas, sendo eternamente operativo, nunca se contém em si mesmo por causa da própria intensidade operacional. Por isso tende sempre a transbordar e derramar-se. E o derramamento é naturalmente criativo. Podemos estabelecer um paralelo de contraste, afirmando que enquanto eros suga, ágape se derrama e se doa.

5. A ágape na liturgia

Outra diferença fundamental entre ágape e eros é que este pode degringolar em amor impessoal, pois o que lhe interessa é o benefício próprio e não o bem do outro. Quando os dois lados encontram motivação para amar desse jeito, tudo vai bem. Quando não, tão logo a abelha suga o mel, desaparece o interesse e ela vai buscar outra flor. Já a ágape, pela sua perfeição natural, é amor estritamente pessoal que visa somente afirmar sua realidade substantiva, ou seja, partilhar seu ser, bastando o acolhimento do outro para se manter em operatividade essencial. Isso leva a descobrir que as pessoas são únicas no mundo, e a felicidade consiste na fidelidade do amor.

Por fim, outra grande diferença entre ágape e eros é que, paradoxalmente, ágape, ao mesmo tempo que é pessoal, é universal, pois tem abertura transcendental, enquanto eros fecha-se numa relação particular e não tem propensão ao universal, está sempre buscando seus interesses individuais.

Já podemos delinear o amor de que a liturgia fala em seus ritos e qual o alcance da compreensão de ágape para a vida de fé. Xavier Zubiri insiste no aspecto metafísico da ágape, como amor que brota da intimidade do ser mesmo e não da vontade como faculdade.[31] Portanto, é mais do que virtude, é imperativo do ser. Quando acolhemos o amor de Deus, somos instalados na situação metafísica do amor e vivemos o mesmo imperativo. Portanto, para nós, amar não é só questão de vontade, mas um ato de ser que se torna questão de fé. Por isso, Cristo colocou seu amor em nível de mandamento e não apenas de conselho ou orientação. A diferença dos outros "salvadores" é que Jesus não apenas ordenou que seus seguidores vivessem na esfera do amor, mas continuamente faz a doação do amor e nele implanta seus discípulos, num enxerto vital, como vemos no capítulo quinze do evangelho de João: Jesus se identifica com a *verdadeira videira*, e nós, seus ramos. Por isso, insiste: *permanecei em mim*. É a figura perfeita de um enxerto místico. Cristo não dá apenas um mandamento, mas a condição que possibilita o mandamento.

---
31 X. ZUBIRI. *El ser sobrenatural: Dios y la deificación en la teología paulina.* Barcelona: Herder, 2008. p. 148

Quando João diz que identifica na comunidade esse tipo de amor, está reconhecendo que as relações que regem a vida dos fiéis são de natureza divina. Portanto, eros e *filia* são superados em favor de um sentimento muito mais profundo e amplo, dado à liberalidade. E aí está uma novidade revolucionária da fé.

Convém ainda dar um retoque na definição do amor de Deus que o Novo Testamento chama de ágape, para não cair no erro de enquadrá-lo no rol dos sentimentos tão vagos e imperfeitos, que mais parecem ausência ou até mutilação de sentimento. Isso representaria grave problema para a liturgia.

A ágape é sentimento profundo e forte. O mesmo sentimento que reina nas relações intratrinitárias. Tão profundo e intenso, que é chamado de êxtase. O êxtase é sentimento de pureza e intensidade tais que transporta a pessoa ao patamar onde está a fonte que a extasia. Tal sentimento não pode ser contaminado com nenhum interesse que não sejam a infinita entrega e a doação absoluta ao objeto amado. No caso da Santíssima Trindade, o Pai ama de tal forma o Filho que imprime nele seu ser e essência, fazendo-o ícone seu. Por sua vez, o Filho responde com tamanha entrega a esse amor, que ambos vivem eternamente o êxtase de uma união perfeita; tão perfeita, que o Unificador, o Espírito Santo, eternamente relaciona a expansão do Amor que reina no Filho com sua *Fonte*, o Pai.

Por causa do Mistério de Cristo, esse amor nos foi doado: *O amor de Deus foi derramado em nossos corações pelo Espírito Santo que nos foi dado* (Rm 5,5). Sacramentalmente, é doado no Batismo e sempre revigorado na Eucaristia e nos demais sacramentos e sacramentais. Podemos até dizer que, pelo Batismo, somos implantados na situação metafísica do amor, pois como ensina a Igreja, a mudança operada pela graça batismal não é periférica mas ontológica. Pode-se dizer que uma pessoa que passa pela fonte batismal sofre transformação tão radical, que se torna totalmente outra.

A transformação radical atinge o ser por inteiro, afetando os sentimentos, que amadurecem com o tempo e a idade da pessoa. A ágape nos leva a ter o mesmo sentimento de Cristo

• 5. A ágape na liturgia •

(cf. Fl 2,5), isto é, provoca um *esvaziamento* (*kenose*) que define a postura de entrega até as últimas consequências, como se deu na cruz (cf. Fl 2,6-8). Portanto, o sacrifício de Cristo representa o auge do amor. Mas para chegar ao auge, Cristo amou a humanidade com o mesmo êxtase do amor divino, embora tenha vivido a dimensão humana em toda sua finitude. Porém, nunca pecou, pois seu amor não é limitado como o nosso, mas ilimitado, como a eternidade da ágape. E aqui está o dom maior que Deus nos dá ao enviar o Filho: a ágape. Mas só funciona se permanecermos em Cristo.

Como diz São João, a ágape é questão de fé (*nela acreditamos*). Por isso mesmo, a liturgia deseja que o amor seja incrementado no coração dos fiéis desde o início da celebração. E lá no momento do abraço da paz, a mesma ágape é invocada. O sacerdote que preside deseja que a paz do Senhor esteja com toda a assembleia reunida, que, por sua vez, responde: a ágape de Cristo nos uniu. E nessa ágape se processa o abraço da paz. Daí a necessidade de se fazer um gesto condizente, não deixando ocorrer um tipo de expansão que não corresponda à natureza da liturgia. O gesto da paz, se descaracterizado de seu sentido divino, passa a ser puramente humano, o que comporta certa gravidade, pois está inserido no rito da comunhão, que é coração da participação litúrgica.

Daqui inferimos alguns princípios que norteiam a celebração litúrgica:

1. Para se celebrar o mistério de Cristo, o auge do amor entendido como ágape, qualquer celebrante que não tem a mínima experiência desse tipo de amor comporta-se como um "peixe fora d'água". Não tem performance.[32] Por isso, um ministro litúrgico pode até conhecer as rubricas, mas

---

[32] Se no teatro performance é "manifestação ritualística de interação social ocorrida em local público com a utilização de recursos dramáticos e cênicos" (L. P. VASCONCELOS. *Dicionário de Teatro*. Porto Alegre: L&PM. 6ª ed. 2010. p.183), na liturgia performance é a manifestação ritual de interação sinergética do humano-divino em vista da transformação da vida pessoal dos celebrantes. Aldo Natale Terrin afirma que "se o sacramento é um rito, é também alguma coisa mais. A qualificação que assume em relação ao rito fala em nome de uma maior força performativa, de uma capacidade de transformar o crente, enquanto possui uma força toda particular de realizar, através dos signos, um novo modo de ser". A. N. TERRIN. *Antropologia e horizontes do sagrado - culturas e religiões*. São Paulo: Paulus, 2004. p. 289.

se não tiver amor, atuará na liturgia de maneira fria, nervosa e até grosseira.

2. Na mesma linha, a falta de amor no coração do ministro litúrgico nunca o possibilitará desempenhar seu ministério com verdadeira competência, pois não terá o encanto que leva ao êxtase do amor.

3. Por outro lado, o ministro que vive no amor encanta-se, cada vez mais, pela liturgia, e terá prazer em conhecer os ritos com suas devidas rubricas. Estas servirão como precioso caminho para conduzir ao Mistério.

4. Sendo ágape o amor oblativo, sem o comprometimento de vida com o projeto de Cristo, o ministro litúrgico que tentar buscar seu próprio bem num ministério que só tem sentido no amor, encontrará enorme dificuldade e criará, certamente, obstáculos à participação da assembleia em sua busca de realizar na liturgia a experiência de Deus.

5. Portanto, celebrar a liturgia é desafio que extrapola o conhecimento racional. É um saber que só se adquire com a entrega da vida a Cristo, para realmente se viver no amor.

6. Ao incrementar nossa vida no amor, a liturgia renova as relações com Deus e com o próximo, alimentando o sonho de um mundo regido por ágape.

7. A fonte das relações cristãs é ágape, cujo modelo é a Santíssima Trindade. A relação entre as Pessoas divinas prima pela perfeição do amor e, portanto, é infinitamente oblativa. Pai, Filho e Espírito Santo se dão sem nenhuma carência ou reserva e, eternamente, são felizes por isso.

8. A liturgia tem a potência de revolucionar o imaginário humano, sendo que este segue naturalmente um processo diferente da Santíssima Trindade. Aqui, as Pessoas amam-se infinitamente e se comprazem unicamente

no ato infinito de amar. Ali, as pessoas vivem sonhando com alguém que as ame sem limite. A revolução está em reverter o processo, de tal forma que o sonho passe a ser outro: amar o próximo e praticar o perdão ilimitadamente, fazendo uma mudança radical de lugar, uma nova hermenêutica da vida.

9. Nesse sentido, a ágape é protagonista, pois toma a dianteira de todo o processo que leva à autodoação. Cristo fez questão de afirmar que sua vida não estava sendo roubada, mas ele mesmo a estava doando: *Ninguém a tira de mim, mas eu a dou de mim mesmo* (Jo 10,18). Por isso, o verdadeiro convertido torna-se discípulo e missionário de Cristo por causa da força integradora de ágape, na qual se insere ao inserir-se em Cristo. A Igreja reza para que o discípulo permaneça na *ágape*, pois sabe que fora dela não conseguirá amar a Deus e ao próximo: *fortificados por este alimento sagrado, [...] fazei que perseverem na sinceridade do vosso amor aqueles que fortalecestes com a infusão do Espírito Santo.*[33]

10. Liturgia, além de ser questão de fé, é questão de amor.

---

[33] Missal Romano, 32º Domingo do Tempo Comum, Oração depois da Comunhão.

6. O primado da adoração

Liturgia é essencialmente ação. Basta considerar sua raiz etimológica para constatar. O termo liturgia vem do grego *leiturguía*, palavra que se disseca em duas outras: *leit*, antiga concepção jônica do atual *laós* (povo); e *érgon* (ação).

Liturgia significava, primariamente, ação pública do povo em favor do povo. Depois adquiriu o sentido religioso e passou a significar qualquer ato religioso público. O caráter público e o aspecto ativo fazem parte da essência da liturgia.

O caráter público da liturgia salienta que ela é ato da Igreja e não ação particular. Ação do povo de Deus em favor do próprio povo, essencialmente comunitária. Esse elemento é fundamental para a liturgia nunca ser tratada como ação particular, nem de uma pessoa nem de uma comunidade isolada, mas da Igreja toda. Por isso os ritos litúrgicos são sempre celebrados na primeira pessoa do plural: *nós*. E quando, nas orações presidenciais, a primeira pessoa do plural é evocada, visa-se insistir que é a assembleia inteira a se dirigir a Deus e não apenas o presidente. Para isso, a forma como se celebra deve estar de acordo com a orientação expressa no próprio rito pelas propostas gerais dos livros litúrgicos. Não se trata de cumprimento cego de normas, mas de se compreender a teologia e dar vida à ação litúrgica.

A dimensão ativa da liturgia está intimamente conexa com a dimensão pública, pois se trata da participação de toda a assembleia celebrante. Isso foi muito bem ressaltado pela *Sacrosanctum Concilium*, quando insistiu que a participação da assembleia deve ser ativa, consciente, plena, frutuosa e piedosa.[34] É fundamental se compreender bem a profundidade da intuição que levou o Concílio a esmerar-se em mostrar que a natureza da liturgia é participativa. Como um palco sem assistência, pois todos são atores que desenvolvem seu papel de acordo com o ministério que exercem. Justamente na liturgia a Igreja demonstra ser toda ministerial. Liturgia é ação comunitária que coloca toda a assembleia e cada pessoa em um movimento que conduz ao coração do Mistério.

Convém aprofundar a natureza desse movimento para evitar equívocos que possam gerar mal-estar e até bloquear a participação ativa. Isso é muito sério, pois já surgiram muitos problemas no pós-Concílio, que causaram grandes sofrimentos ao povo de Deus, que busca, na liturgia, realizar seu encontro com o Senhor. O movimento que conduz a assembleia ao Mistério é o mesmo que está por trás do verbo permanecer: *permanecei no meu amor*. Significa deixar-se implantar dinamicamente no amor de Deus e colaborar ativamente com sua operatividade. Portanto, trata-se de movimento do *ser*, e não simplesmente um fazer. Justamente na linha do "fazer", algumas adaptações litúrgicas acabaram por ferir a natureza da liturgia e causaram enormes problemas à participação ativa do povo.

O que é realmente o "ser" e qual movimento constitui sua operatividade essencial? Aqui recorremos, mais uma vez, a Zubiri, que afirma que do pensamento de Platão e Aristóteles se extraem duas concepções de "ser".

---

[34] Para aprofundar esse tema, ler V. S. COSTA. *Viver a ritualidade litúrgica como momento histórico da salvação*: Participação litúrgica segundo a *Sacrosanctum Concilium*. 2 ed. São Paulo: Paulus, 2010.

6. O primado da adoração

A mais comum é a concepção baseada nos seres inanimados. Nesta, *ser* significa ausência de mutação, pois na medida em que ela ocorra, já se terá outro tipo de ser. Nesse caso, *ser* não coaduna com a ideia de movimento, pois quanto menos móvel é o ser, menos imutável será. Deus é concebido como Ser Supremo e *Imutável*.

Mas há outra concepção que pode ser extraída de Platão e Aristóteles, agora baseada nos seres vivos. *Ser* significa viver, isto é, ser dotado de um movimento íntimo, profundo e sutil, que consiste em espécie de primária e radical operação ativa pela qual as pessoas são mais do que realidades, são seres que se realizam.[35] Quanto mais perfeito é o "ser", tanto mais móvel e operante ele é. Nessa linha, "a vida é uma unidade radical e originante; é uma fonte ou princípio de suas múltiplas notas e atos, cada uma das quais só 'é' enquanto expansão, enquanto afirmação atual e plenária da sua primitiva unidade".[36] Viver, portanto, é expandir-se sem jamais perder a unidade original que é o ser íntimo de cada vivente. Quanto mais rico for o ser pessoal, tanto mais se desdobrará em suas múltiplas notas. A ideia de Deus extraída da Bíblia coaduna muito mais com esse conceito, pois o Deus bíblico é o Deus da vida, e Jesus Cristo Ressuscitado é Vencedor da morte e o *Vivente* pelos séculos dos séculos (cf. Ap 1,28). A ideia de que Deus vive para sempre permeia toda a liturgia. Isso é mais do que justo e mostra que a liturgia é fonte teológica. Segundo Zubiri, "na Trindade, *Deus vive*, na criação, produz coisas, na deificação, as eleva para associá-las à sua vida pessoal".[37] É de se supor que a expansão divina para fora da intimidade trinitária seja uma expansão da vida. Isso constitui o *ciclo extático do amor de Deus*. As orações *do dia* no Missal, quando dirigidas ao Pai, mas que no fim mencionam Jesus Cristo, frisam esse aspecto da vida intratrinitária, pois são encerradas desta forma: *Que convosco vive e reina, na unidade do Espírito Santo*.[38] Na mesma linha, as orações das oferendas

---
35 Cf. X. ZUBIRI. *El ser sobrenatural: Dios y la deificación en la teología paulina*. Barcelona: Herder, 2008. p. 150-151.
36 *Ibidem* p. 152.
37 *Ibidem* p. 187.
38 IGMR 54.

e depois da comunhão, quando dirigidas ao Pai, mas que no final mencionam o Filho, terminam com esta fórmula: *que vive e reina para sempre*, e se dirigidas a Cristo depois da comunhão: *Que viveis e reinais para sempre*. E o mais fantástico é que Deus, por meio do mistério pascal de Jesus, tem eternamente a intenção de partilhar sua vida conosco. O Filho se encarnou, manifestando a Santíssima Trindade, a fim de fazer a humanidade participar da vida divina. É o ciclo extático do amor de Deus: Deus vive, Deus cria, Deus associa a criação à sua vida, tendo o homem como porta-voz desse processo, pois toda a criação participa, ao seu modo, da redenção e é influenciada por ela. A natureza inteira, com toda sua dimensão cósmica, participa do mistério pascal de Cristo e, como diz São Paulo, ela geme e sofre dores de parto até o presente (cf. Rm 8,22), aguardando a realização total da esperança de novos céus e nova terra. Afirma Zubiri que "no corpo glorioso de Cristo está a raiz de uma glorificação que será comunicada ao homem e à criação inteira".[39]

No vale fecundo dessa concepção vamos encontrar o eixo da participação litúrgica e a natureza da liturgia. Quando entramos na dinâmica de um rito litúrgico, mergulhamos na riqueza da vida que a comunhão com Deus proporciona, porque seu ser é ágape e, por isso, essencialmente operativo. Operativo é o contrário de imóvel.

Antes de tudo, liturgia é ação vital cujo movimento se opera no fronte da intimidade pessoal de quem celebra. O que aparece externamente e é captado pelos sentidos do corpo é reflexo do movimento íntimo e sutil que toma conta da pessoa e a eleva ao êxtase do amor. Esse movimento é típico da adoração.

Para o Cardeal Cañizares, uma chave importante para a compreensão da liturgia é o primado da adoração:

> A liturgia tem uma relação íntima com a Igreja como povo reunido por Deus em sua presença para escutá-lo, mostrar-lhe a disponibilidade de obedecer-lhe, servi-lo. Falar de liturgia quer dizer falar de Deus,

---

[39] X. ZUBIRI. *El ser sobrenatural: Dios y la deificación en la teología paulina*. Barcelona: Herder, 2008. p. 198-199.

6. O primado da adoração

reconhecendo que no princípio está a adoração a Deus. A liturgia não é uma reunião espontânea do povo que celebra ao seu modo; nem o Concílio nem a constituição *Sacrosanctum Concilium* tentaram organizar a liturgia de outro modo. Em tal contexto, a Igreja deriva da adoração, da missão de glorificar a Deus. A eclesiologia tem, por natureza, a ver com a liturgia. Na história do pós-concílio a liturgia não tem sido entendida sob este primado da adoração e, assim, se perde o essencial.[40]

Voltamos a insistir que a ação litúrgica insere-se na dimensão do *ser* vivo. Desde Aristóteles, a vida como manifestação do ser é compreendida como *vita in motu*. Em nenhum lugar a vida é tão ativa como no movimento que constitui o ato litúrgico, porque a liturgia tem como primado a adoração. E adorar é ato que se processa na intimidade do ser, cuja operatividade brota da fecundidade da ágape. Então, na liturgia a vida se desdobra no movimento profundo de adoração.

> A adoração, no dizer de Sto. Tomás, constitui um elemento interior/exterior da virtude de religião, que se segue ao da devoção e da oração (*S. Th* 2/2,84). Mais do que o elemento externo, a adoração deve ser avaliada como elemento interno, por isso mesmo inerente ao culto de latria reservado a Deus, do qual exprime o reconhecimento da transcendência e da infinita santidade: donde o caráter teologal fundamental da adoração, quer como gesto, quer como compreensão consciente do mistério. Como atitude interior permanente, a adoração pode ser identificada, de alguma forma, com o êxtase do amor [...].[41]

A afirmação final do autor acima citado condiz com tudo o que temos falado até agora e nos ajuda a compreender que a adoração nos coloca na esfera do ser de Deus, pois Deus é amor,

---

[40] A. CAÑIZARES. *Sacerdocio e liturgia*: educazione alla celebracione. *Sacrum ministerium* annus XVI, 1-2/2010, p. 146.
[41] G. BOVE. Adoração, VV.AA. *Lexicon Dicionário Teológico Enciclopédico*. São Paulo: Loyola, 2003. p. 6.

e o amor é o êxtase do ser. A liturgia, como adoração, porque é culto de latria reservado a Deus, se processa na intimidade da pessoa que se entrega ao êxtase do amor. Fica cada vez mais difícil compreender que um ministro litúrgico queira celebrar no ritmo de uma ação comum. Se ele mesmo não estiver imbuído do espírito de adoração, será um "peixe fora d'água", sem performance para conduzir os outros à experiência de que ele mesmo não tem a menor ideia. Assim, como poderá ajudar os demais a entrar na senda da adoração, em que a vida toda é colocada à disposição daquele que nos acolhe em sua Tenda? Certamente tal liturgia será plena de ruídos, isto é, de desencontros, de fazer comum, de falta de operatividade do ser, vazia de sentido e sentimento, pois não consegue entrar no movimento da operatividade fecunda do ser entendido como vida. Não possibilita a participação.

> A adoração é a expressão ao mesmo tempo espontânea e consciente, imposta e desejada, da reação complexa do homem arroubado pela proximidade de Deus: consciência aguda da sua insignificância e de seu pecado, confusão silenciosa (Jó 42,1-6), veneração trêmula (Sl 5,8) e reconhecida (Gn 24,48), homenagem jubilosa (Sl 95,1-6) de todo o seu ser.[42]

O primado da adoração tem a ver com o caráter extático da liturgia. Tentemos aprofundar o que isso significa. A palavra êxtase vem do grego *ékstasis*. Significa arroubamento, arrebatamento, enlevo, encanto. Todos esses sinônimos denotam ação em que a pessoa é atraída de forma avassaladora, sendo arrancada de si mesma e colocada em outro patamar. Portanto, o objeto do êxtase comanda a pessoa extasiada. O verbo grego que está na origem do verbo extasiar – *ékstemi* – significa deslocar, transladar, pôr fora de si; está pressuposto no prefixo *ék*. Já *ístemi* significa pôr de pé, fixar, parar. Em seu conceito original, o êxtase é em si mesmo um movimento para fora e não fixação da pessoa em determinada situação.

---
[42] J. VAUX/J. GUILLET. Adoração. X. LÉON-DUFOUR. *Vocabulário de Teologia Bíblica*. São Paulo: Vozes, 2002, Coluna 13.

• 6. O primado da adoração •

Mais uma vez vemos o conceito de movimento íntimo tomando conta do cenário litúrgico. O êxtase pode ser entendido como a expansão do ser pessoal em movimento cuja operação ativa leva à efusão de sua própria personalidade. Entenda-se aqui que ser pessoa significa que aquilo que brota do meu *eu* é *meu*, isto é, se dá *somente em mim*. O êxtase é experiência estritamente pessoal. Mas para isso é preciso que a pessoa seja transportada e, de certa forma, desestabilizada de sua postura rigidamente racional, deixando-se possuir pelo Mistério celebrado. Aludimos à experiência de São Paulo, no caminho de Damasco, o qual precisou cair por terra para acolher a experiência extática do amor de Deus e converter-se (cf. At 9,4). A partir daí, refez a racionalidade de sua vida, seus propósitos, sua missão. Como o amor é a fonte do movimento que faz Deus doar-se infinitamente, o amor é o êxtase mesmo do ser.[43] Nessa linha, a liturgia tem essencialmente um caráter extático. As consequências disso para a prática litúrgica são colossais. Elas garantem o primado da adoração na liturgia.

1. De forma alguma, a ação litúrgica pode sair de sua ritualidade;[44]

2. Do início ao fim do ato litúrgico a adoração constitui o primado;

3. A comunhão eucarística, ápice da participação pessoal e comunitária na liturgia da Igreja, é também o auge da adoração. O encontro inaudito entre o filho adotivo de Deus e o Filho Unigênito, o Salvador, que bate à porta para realizar a Ceia na intimidade do amor: *Eis que estou à porta e bato: se alguém ouvir a minha voz e me abrir a porta, entrarei em sua casa e cearemos, eu com ele e ele comigo* (Ap 3,20). Prolongar essa adoração depois da Missa é atitude saudável.

4. A adoração eucarística devocional fora da Missa não deve ser feita durante a celebração da Missa. Essa adoração não

---

43 Ibidem 166.
44 Ver V. S. COSTA. *Viver a ritualidade litúrgica...*, p. 43-72.

se opõe à Missa, mas lhe dá continuidade, justamente, no primado da adoração. No entanto, não deve sobrepor-se à Missa, pois quebra o ritmo do rito sagrado que conduz à comunhão. A liturgia propõe, se for o caso, uma bênção eucarística no final da Missa, não propriamente uma adoração eucarística, que, em alguns lugares, está sendo feita durante a Missa.

5. Os atos que expressam o primado da adoração na liturgia são todos de natureza sóbria, como o beijo no altar, no livro, a brevidade das introduções e comentários que ajudam a assembleia a entrar no mistério, a brevidade da própria homilia, os momentos de silêncio, a as incensação/incensações, as inclinações, a sobriedade da elevação da patena e do cálice na apresentação das ofertas e da consagração, as genuflexões presidenciais na consagração e antes da comunhão do padre. Enfim, a forma de se realizar os gestos é sóbria, a fala é poética, o tempo deve seguir o ritmo do rito, a fim de que a experiência do tempo desapareça por um período, enquanto o ser humano mergulha no ser divino e encontra a verdadeira paz. O que fugir disso vira ruído e atrapalha a adoração. Na Missa se adora ouvindo a Palavra de Deus, oferecendo o sacrifício Pascal e comungando o Cordeiro imolado.

6. Temos de reconhecer que a adoração como primado da liturgia constitui momento de profunda experiência de salvação. Não se pode negar que tem, por isso mesmo, salutar efeito terapêutico. Os ocidentais padecem de uma doença que, talvez, seja chamada de doença da alma ou doença da dispersão. Caracteriza-se pela dispersão da vida atual, que cria excesso de interesses em vista do consumo e pulveriza a unidade da pessoa e de suas relações. A ágape que nos foi doada é o "santo remédio" para todas as situações, e adorar significa ligar-se profundamente à fonte de onde a *ágape* nos é dada. Por isso mesmo a liturgia não é o lugar de fazer tarefas comuns, mesmo nobres, como a

conscientização. É lugar de nos ligarmos à fonte da vida e beber do manancial da salvação, que corrige todas as distorções, porque unifica a pessoa e a comunidade. Mesmo nas piores situações, em que desastres naturais ou acidentais esfacelam o ser humano, nessa hora a ágape ajuda a unificar o que sobrou, e aí surge o magnífico sentimento de solidariedade. Nas piores situações de pobreza absoluta (miséria), a ágape leva a descobrir que pode surgir entre as pessoas outra forma de relação que as unifica e cria um dinamismo de transformação, em que o interesse de usufruir o outro se transforma no impulso do amor oblativo. Isso é profundamente revolucionário, e toda revolução que muda papéis e lugares sociais, sem imprimir nos corações o amor, é inócua. Depois de certo tempo, a situação fica igualmente opressora. Conquistar bem-estar sem aprofundar o amor é faca de dois gumes que pode trazer enormes crises existenciais e esfacelamento nas relações primordiais como a própria família. A liturgia nunca será omissa à dor, mas não buscará somente respostas sociais. Ela vai ao abismo do Ser de Deus, onde a ágape faz morada, e de lá traz a vida em sua intensidade operativa. Enquanto houver comunidade celebrando o amor, que é o coração do mistério pascal de Cristo, haverá vida em abundância e haverá saúde no mundo e esperança de novos céus e nova terra.

Agora veremos como a salvação promove a deificação humana e de que forma a Santíssima Trindade é o coração da deificação.

7. A liturgia está na raiz da deificação

A deificação faz parte do ciclo extático da ágape. O princípio é este: na Trindade Deus vive[45] na criação? Deus cria coisas fora de si, na deificação as eleva para associá-las a si. A associação deificante só se realiza no homem, criado à *imagem e como semelhança divina*, mas tem influência em toda a Criação, pois o homem não está solto no universo; faz parte do cosmo, o qual, a seu modo, também participa da transformação.

O ciclo extático da ágape tem dois momentos perfeitamente distintos. O primeiro é a encarnação, e o segundo a santificação. Na encarnação, Deus assume, pela pessoa do Filho, natureza humana finita, realizando, dessa forma, uma efusão deificante e metafísica na natureza humana *in genere*. No segundo momento, os demais homens obtêm a participação de sua vida

---
[45] Como vimos anteriormente, é isso que a liturgia não se cansa de afirmar sobre as três Pessoas divinas.

pessoal na vida de Deus, por meio de Cristo. Para tanto, precisam agregar-se a Cristo.[46]

O primeiro momento ou estágio da deificação, a encarnação, "é constituído pela doação metafísica da própria pessoa divina a uma natureza humana".[47] Para compreendermos o mistério da encarnação, é importante aludir à palavra com a qual o Apóstolo expressa a condição divina natural de Cristo e a condição humana assumida: *morfé* (forma). Cristo, existindo na *morfé* divina, não se apegou ao ser igual a Deus, mas assumiu a *morfé* de escravo (cf. Fl 2,6-7). A palavra *morfé*, no vocabulário técnico grego, significa configuração intrínseca, ou seja, aquilo que dá a essência de uma coisa, ou seja, sua própria natureza.[48] Portanto, o aspecto exterior não é a raiz da forma, mas sua consequência. Cristo assumiu a essência humana em plenitude. A raiz desse ato misterioso não está no pecado de Adão, mas no mistério da vontade do Pai, guardado até sua revelação na plenitude do tempo. A revelação do mistério é a pessoa de Cristo e o resultado é a *reversão* da natureza humana ao ser divino escondido no Pai em último e íntimo amor. Esse é o ciclo extático do amor. Se era mistério o projeto da encarnação do Filho, igualmente é mistério a deificação humana como final do ciclo do amor divino.

Em Cristo temos três dimensões: a preexistência divina, a existência histórica e a existência gloriosa. O Cristo atual engloba de forma integrada as três dimensões. A liturgia foi a primeira a afirmar que nossa humanidade já está gloriosamente reinante à direita do Pai, em Cristo. As três dimensões dão dados da fé. Porém, a preexistência divina e a existência gloriosa não apresentam tantas questões de compreensão como a existência histórica, portanto, a questão da encarnação. Assumir a *morfé* humana, tendo natureza humana por assunção e não por condição natural, é algo que precisa ser bem compreendido. Segundo o hino de Paulo aos filipenses, a condição natural de Cristo

---

46 A metáfora mais contundente é a do enxerto, que Cristo usou para ilustrar a necessidade da comunhão íntima de seus discípulos com ele (Jo, 15,1-6).
47 X. ZUBIRI. *El ser sobrenatural: Dios y la deificación en la teología paulina*. Barcelona: Herder, 2008. p. 188.
48 Ibidem 191.

é a divina. No entanto, por desígnio misterioso do Pai, a *morfé* divina do Filho assume a *morfé* humana, ficando esta como que envolvida na divina ou, ainda, inscrita em sua intimidade. Isso dava a Cristo o direito de apresentar a figura humana transfigurada pela forma divina, como aconteceu no Tabor. No entanto, ele renunciou a um direito e assumiu não só a forma, mas a figura humana, até a prova máxima de obediência na cruz, na qual Cristo revelou-se radicalmente como Homem-Deus, tanto como *morfé* (forma íntima ou configuração interior) como pela *skema* (figura ou configuração exterior). Por isso, quem não tinha o olhar da fé só conseguiu enxergar um condenado comum ao suplício da cruz. Esse foi o caminho radical da encarnação do Filho de Deus.

Que Cristo, embora sendo homem, pudesse usar, se quisesse, a condição divina era uma ideia clara para a Igreja nascente, como está no Evangelho da Paixão quando um discípulo tenta reagir à prisão de Jesus: *Embainha tua espada [...]. Crês tu que não posso invocar meu Pai e ele não me enviaria imediatamente mais de doze legiões de anjos?* (Mt 26,52-53)

Como as duas naturezas se compuseram em Cristo? Por não compreender esse mistério, muitas heresias tumultuaram o horizonte cristão. As duas naturezas de Cristo nunca se misturaram, mas nunca se separaram. Nunca permaneceram justapostas, e tampouco nenhuma se sobrepôs à outra. Elas se integram como é própria a integração trinitária. A mistura das naturezas foi o erro da *gnose*, do *maniqueísmo* e do *monofisismo*. A assunção da natureza humana para alguns não era formal, mas apenas uma configuração externa (*adocionismo* e *nestorianismo*). Somente a compreensão da integração das naturezas de Cristo pode afirmar que o Filho de Maria é o Filho de Deus (ato de fé fundante do cristianismo). Daí que na liturgia não há nenhuma dificuldade de se prestar culto à Mãe de Deus e Mãe de Jesus. Uma pessoa divina pode assumir uma natureza humana, pois, para a mentalidade grega, a pessoa vem antes da natureza, ou seja, a natureza é forma de realização pessoal. Nesse sentido, o Filho de Deus realiza sua personalidade divina em natureza finita e singular. A diferença, segundo Ricardo do São Vítor, entre o homem Jesus e os outros humanos, é que Jesus, por ser Deus, assumiu a natureza por si mesmo, enquanto para os outros humanos essa lhes é dada. Foi assim que Cristo deificou uma natureza humana ao assumi-la.

Por conta da encarnação, Cristo assumiu posição especial no cosmo. Ele é Cabeça e Primogênito de toda a criação. Isso significa que Cristo é o início, o fim e o fundamento de tudo o que foi criado. Porém, não podemos nos esquecer de que o caráter ativo do ser não é idêntico ao ato de vontade. O ser é anterior à vontade, e a *morfé* está no âmbito do ser. Por não compreender isso, Eutyques identificou em Cristo apenas a vontade divina (monotelismo).

A primogenitura de Cristo tem duplo sentido: Cristo é anterior e superior à criação. Realizando na história o mistério pascal, o Filho de Deus apresenta-se como corpo glorioso (dogma da ressurreição da carne), o que seria sua configuração se o pecado não tivesse colocado o homem em condição de escravo. Cristo assume, por solidariedade, a *morfé* de escravo e não apenas a figura, para, depois, revelar-se na condição pós-pascal de *corpo luminoso*, pois a luz é expressão da glória de Deus. Cristo é Cabeça da criação não somente porque reúne em si todas as coisas, mas porque é a realidade típica e exemplar para a qual tende todo o criado. Este é a *cópia* em busca do seu *tipo*, e, sabendo da transfiguração futura, geme por ela no mais profundo e legítimo anseio estimulado e atraído por sua Cabeça. Portanto, o Filho de Deus, ao concretizar-se em uma natureza humana, realiza a deificação suprema de uma natureza finita. Para Cristo é deificação natural. A partir daí, todos os demais homens podem ser deificados em Cristo, porém não é mais deificação natural, mas acidental, pois a natureza humana não pode por si mesma chegar a tanto, pois não está em sua essência a divindade. Somente por intervenção divina isso ocorre. É o que chamamos de *santificação* por meio da *graça*.

O segundo momento do processo da deificação é, portanto, a santificação por meio da graça. Por isso, a estrutura da deificação é a graça. São Paulo, para diferenciar a filiação divina de Cristo, que é natural, afirma que a nossa é adotiva, isto é, depende da graça. No entanto, uma vez inseridos em Cristo, somos verdadeiramente filhos no sentido mais pleno do termo. É a total gratuidade com que o ser divino opera a transformação do ser humano. Isso constitui a essência da graça. Gratuito não significa arbitrário ou fortuito, mas algo que não está na estrutura do ser criado como tal e, por isso, depende exclusivamente da doação graciosa de Deus.

E qual é a estrutura da graça em si? A estrutura da graça é a habitação da Trindade na pessoa humana ou a *inabitação trinitária* na alma do justo, como costuma dizer a mística espiritual. Deus vive no homem. Por meio de Cristo e pela força do Espírito Santo, o homem mergulha no abismo da Paternidade. Como se trata da vida de Deus, então é graça, mas por não brotar do ser humano é chamada pelos latinos de *graça criada*.

O efeito da habitação da Trindade no ser humano é imediato, imprimindo nele algo que transforma seu ser. São Paulo chama esse efeito de *regeneração*. É a total conformação divina em nossa própria natureza. Passamos a ser de um modo divino, pois a luz do ser de Deus opera em nosso íntimo. A claridade é o resplendor da realidade chamada luz, que, habitando nosso ser, o faz resplandecer. É a participação humana na natureza divina. Esse processo faz com que a imagem se torne, cada vez mais, semelhança divina, até atingir sua perfeição em Cristo. É a conversão, desde a raiz, da imagem em semelhança, a fim de superar o *como* do Gênesis, quando diz que o homem foi criado à imagem e *como* semelhança de Deus (cf. Gn 1,25). Pela deificação, a imagem torna-se autêntica semelhança. E isso é mais do que perfeição moral, é perfeição do ser, o que, necessariamente, implica aperfeiçoamento moral. Portanto, a santidade não é em primeira mão perfeição moral, mas perfeição do ser. A graça transforma o ser por inteiro e não apenas algumas faculdades do ser, como a vontade. Por isso a base que dá sustentabilidade à assembleia litúrgica é a santidade entendida como perfeição do ser e não como perfeição moral. É a condição de batizados que nos dá o direito e o dever de nos agregarmos em assembleia litúrgica. Somente a discrepância na ordem moral pode ser motivo de afastamento da liturgia (excomunhão), pois ela está baseada no princípio da santidade do ser ou graça batismal.

Se a estrutura da deificação é a graça, a raiz da deificação é o mistério sacramental. Portanto, a liturgia está na raiz da deificação humana. Considerando que a encarnação não teve outro objetivo geral senão a deificação de todos os seres humanos, a nossa santificação é o último fim do magno mistério da vontade do Pai. E esse processo se realiza sacramentalmente.

No mundo grego antigo, o mistério era uma espécie de realidade em que se introduziam os iniciados e que, por participar nele, sofriam uma intrínseca transmutação. Isso significa que o conteúdo do mistério estava integral e intimamente presente em cada iniciado. Se essa aproximação, em sua estrutura, pode ser aplicada ao cristianismo, então dizemos que no cristianismo se opera ainda mais: não se trata apenas da posse do conteúdo do mistério, mas da própria transformação do cristão no ser de Deus. Isso não intuiriam jamais os mistérios pagãos. Um grego nunca aceitaria que um iniciado se transformasse em deus. Portanto, para o cristão, o mistério é a deificação.

Ser iniciado no mistério pascal significa tomar parte no sacrifício redentor de Cristo, fazendo da páscoa de Cristo a páscoa do cristão. Não se pode duvidar que seja uma páscoa sacrifical. Desde o início da cultura humana, o sacrifício é elemento fundante do culto. Por isso, o sacrifício pascal constitui o supremo ato sacerdotal de Cristo, ritualizado na Ceia e operado existencialmente na cruz. O conteúdo do sacrifício pascal (morte e ressurreição) e seu efeito (redenção da humanidade) tornam-se presentes em toda ação litúrgica, de forma mais visivelmente plena na Eucaristia. Para cumprir a meta de todo o ciclo extático do amor de Deus, o sacrifício pascal de Cristo deve fazer-se presente na intimidade de cada ser humano. Para tal, a Igreja tem a missão de reproduzir de modo místico o supremo ato cultual e sacerdotal de Cristo até o fim dos tempos. A pericorese trinitária encontra sua última manifestação *ad extra* no mistério sacramental. O Espírito Santo toma os elementos materiais dos sacramentos e imprime neles uma eficácia que nos faz mergulhar em Cristo, e por Cristo somos levados ao Pai. A inteira obra de Cristo se cumpre aí, e o ciclo extático da ágape volta à sua origem e fonte. Pode-se dizer como Cristo na cruz: *está consumado*. Nenhum dos elementos materiais tem poder por si mesmo. Seria magia. Mas o poder vem exclusivamente do Espírito, que dá eficácia a todas as coisas, cuja intenção está vinculada ao elemento material em seu potencial simbólico. Se água simboliza morte e vida, a intenção do Espírito é realizar essa dimensão na transformação do ser de cada pessoa que recorre a Cristo em busca de salvação. O Batismo gera a morte do *homem corrupto*, regenerando-o em *filho de Deus* e, portanto, *homem santificado*. O Espírito Santo executa a perpetuação de Cristo nos seres humanos por meio do mistério sacramental. Todo ser humano é chamado a participar do mistério pascal, tornando-se morada da Trindade, a fim de assimilar, por participação, a vida, paixão, morte e ressurreição de Cristo. Com isto, está dito que a antecipação da vida divina se dá nesta vida, mas supõe o processo sacrifical que constituiu o sacerdócio de Cristo desde a encarnação até a glorificação.

A consequência da deificação é a nossa transformação em filhos de Deus, pela graça sacramental. Possuindo a natureza divina por participação, formamos a grande comunidade de fé por agregação. Não tem mais sentido para nós as agregações de classes. Elas não podem contaminar a liturgia cristã. Nossa associação é a Igreja, onde não existe mais nenhuma separação de natureza social, política, étnica, sexual etc. Todos são um em Cristo. Portanto, o ciclo extático do amor de Deus não somente nos reconduz à fonte da vida, mas cria a unidade essencial que faz da vida verdadeira expansão do ser. Na liturgia a distinção é ministerial, refletida na hierarquia. Só assim construímos a grande unidade da Igreja. Portanto, não pode haver deificação que não tem raiz na liturgia. É o ponto magno da teologia litúrgica.

8. A Santíssima Trindade na liturgia

A liturgia resgata a beleza e a ordem da criação, levando o ser humano à adoração e ao louvor a Deus, porque mergulha inteiramente no mistério da Santíssima Trindade, fonte da beleza e da ordem da vida.

A Trindade é um modo misterioso de três Pessoas divinas serem um Deus infinito e uno por natureza. Isso significa que a unidade que reina entre as Pessoas divinas é tão perfeita que as três Pessoas têm idêntica natureza; há um só Deus, embora cada Pessoa seja infinitamente Deus. A natureza divina, à diferença da natureza humana, não foi obtida, mas Deus a tem por si mesmo (Ricardo de São Vítor). Sendo Pessoa infinita, infinita é a fecundidade de Deus, porque seu ser é ágape. Que essa fecundidade seja produtiva de pessoas é um dado revelado, do qual a razão pode, pelo menos, vascular a congruência e os efeitos para a vida do crente. A pessoa do Pai é princípio (*arkê*) e fonte (*guenê*). A pessoa do Filho contém explicitamente toda a riqueza (*usía*) da essência do Pai. Frise-se aqui que *usía*, que primariamente significava riqueza, é a mesma palavra grega para expressar o *ser*. Isso significa que o ser é a riqueza íntima que cada pessoa possui e da qual nunca pode abrir mão. Portanto, o Filho é a personificação da riqueza do Pai com suas *potências* (*dinámeis*); é a sua perfeição engendrada, porque a potência (*dínamis*) é, em todo ser vivo, a expressão de sua natureza, ou seja, de sua riqueza; a potência é a verdade do ser, e o ato é a verdade da potência. Porém, a potência é verdade escondida, enquanto cabe ao ato revelá-la. O ato é a manifestação da verdade do ser que estava escondida em suas potências. O ato é a glória do ser. Por isso, o Filho é a glória (*doxa*) e é a verdade (*aléteia*) do Pai. O Pai é o *Verdadeiro*, o Filho é a *Verdade* do Pai, e o Espírito Santo, o Espírito da *Verdade* (São Gregório Nazianzeno). Irineu de Lião afirma que "a realidade indivisível que se manifestava no Filho era o Pai, e a realidade visível na qual o Pai se revelou era o Filho".[49] Entende-se perfeitamente como a liturgia é essencialmente ação trinitária que manifesta a glória de Deus.

Porém, todas as perfeições do Pai explícitas no Filho não são senão a identidade da essência do Pai, ou seja, sua verdade e perfeição. A perfeição constitui atos que se *revertem* identicamente à essência para garantir a verdade. A personificação desse movimento eterno que estabelece efusão eternamente pura, isto é, realizada dentro da essencialidade e da "mesmidade" da natureza divina, é a Pessoa do Espírito Santo. Por isso, ele é o Manifestador e Unificador. Portanto, também a estrutura das orações litúrgicas, mais explicitamente nas orações do dia na celebração da Eucaristia, faz sempre referência ao Espírito Santo como fonte da unidade.[50] Só se dirige uma prece ao Pai por meio do Filho e na unidade do Espírito. Mesmo que alguém se dirija espontaneamente ao Pai, é Cristo que vem em socorro para a oração ter sua operatividade na unidade do Espírito Santo. O Espírito Santo gera a unidade necessária para a ágape manter sua operatividade essencial e vital.

---
49 I. de LIÃO. Livro III, 3,6,6. São Paulo: Paulus, 1995, p. 382.
50 IGMR 54; 77; 89.

• 8. A Santíssima Trindade na liturgia •

A unidade expressa a primazia da bondade sobre o ser, pois o ser é essencialmente bom. E isso se reflete na Criação, quando tudo o que Deus criou viu que era bom (cf. Gn 1,1ss). A ágape que constitui o ser de Deus é o amor infinitamente bom (*ágatos*), que já tem a perfeição em si mesmo e, por isso, expande-se em forma de derramamento criativo, imprimindo nos seres criados a bondade divina. O pecado rompe com essa harmonia, fazendo o homem perder a perfeição original. Mas Deus o agracia com a ação que novamente o instala na situação metafísica do amor. A motivação da ação é chamada no precônio Pascal de *felix culpa* (feliz culpa) de Adão. Esse texto tem uma repercussão bíblica fantástica, na medida em que a teologia paulina deixa muito claro que a raiz da encarnação não está no pecado de Adão, mas no desígnio eterno que constitui o mistério da vontade do Pai:

> Nesse Filho, pelo seu sangue, temos a Redenção, a remissão dos pecados, segundo as riquezas da sua graça que derramou profusamente sobre nós, em torrentes de sabedoria e de prudência. Ele nos manifestou o misterioso desígnio de sua vontade, que em sua benevolência formara desde sempre, para realizá-lo na plenitude dos tempos – desígnio de reunir em Cristo todas as coisas, as que estão nos céus e as que estão na terra (Ef 1,7-10).

Na teologia paulina, a encarnação fazia parte da vontade do Pai, escondida pelos séculos, até Jesus Cristo a revelar. Não fosse o evento crístico, jamais teríamos conhecimento do mistério e suspeitado que o Pai guardava eternamente o propósito de realizar a encarnação divina em uma natureza humana. Portanto, o pecado de Adão provocou a concretização do mistério da vontade do Pai, cujo propósito estava misteriosamente guardado pelos séculos dos séculos. Isso significa que a restauração da dignidade humana por meio do Mistério Pascal é muito mais significativa do que a dignidade da primeira criação. Poderíamos chamar essa segunda Criação, operada pelo Mistério pascal de Cristo, de *Criação Pascal*, pois a ordem que nela reina é a *ordem pascal*. A nova criação recoloca o homem na presença absoluta de Deus, em seus braços, e não apenas num paraíso perfeito. A oração Eucarística II, portanto, leva a assembleia, depois da consagração, a agradecer a Deus por estar em sua presença e poder servi-lo. A *Criação Pascal* recoloca o ser humano na situação metafísica do amor, levando-o a amar ablativamente e a fazer da vida um corolário de doação. Se a essência não se perde na expansão natural da ágape, é porque o princípio da bondade é mantido e a primazia da bondade sobre o ser fica garantida. Esse é o grande papel do Espírito Santo. A liturgia nunca lhe dirige preces, pois nele a prece encontra sua operatividade. Como rezar ao Espírito Santo se é ele mesmo que nos faz rezar e nos aponta a direção do Pai, ensinando-nos o Caminho, que é Cristo?

O Espírito Santo age na liturgia garantindo que ela seja interna e externamente ação trinitária. Para tanto, é necessário que a unidade garanta a primazia da bondade. Por isso, a estrutura de encerramento das orações do dia no rito da Missa, conforme determina o Missal Romano, estabelece um movimento que se dirige ao Pai, pelo Filho no Espírito Santo, isto é, em sua unidade.[51] Há um movimento circular ou descendente/ascendente, de cunho pneumatológico, que, na força do Espírito Santo, sai do Pai para o Filho e desce para o homem (assembleia litúrgica), retornando ao Pai, pelo Filho, levando o homem para cima (elevando). Não pode haver, portanto, liturgia que não seja realizada trinitariamente, tendo no Espírito Santo a garantia de estar integralmente de acordo com a Fonte (*Guenê*), o Pai, sem sair do único Caminho de mediação, o Filho, como conferindo a autenticidade essencial das relações Pai e Filho e das relações da Igreja, que por meio do Filho se eleva ao Pai. Por isso quando a Igreja ora, é Cristo quem ora. O fato de a expansão do Pai realizada na pessoa do Filho ser idêntica à essência do Pai garante que a relação trinitária seja essencialmente pura. É a terceira Pessoa divina quem garante esse movimento eterno. É ainda a terceira Pessoa divina quem garante que a oração da Igreja seja autenticamente a oração de Cristo.

---
51 MR. Coleta da Missa do Santíssimo Sacramento do Corpo e Sangue do Senhor.

Bibliografia

R. M. ADAMS. Ágape. R. AUDI. *Dicionário de filosofia de Cambridge*. São Paulo: Paulus, 2006.

AS INSTRUÇÕES Gerais dos livros litúrgicos. São Paulo: Paulus, 2003.

ASSEMBLEIA PLENÁRIA DOS BISPOS. *Via pulchritudinis* – o caminho da beleza, caminho privilegiado de evangelização e de diálogo. São Paulo: Loyola, 2007.

G. BARAÚNA. *A Sagrada liturgia Renovada pelo Concílio*: estudos e comentários em torno da Constituição Litúrgica do Vaticano II. Petrópolis: Vozes, 1964.

X. BASURKO. J. A. GOENAGA. A vida litúrgico-sacramental da Igreja em sua evolução histórica. In: D. BOROBIO. *A celebração da Igreja*. V. 1: liturgia e sacramentologia fundamental. São Paulo: Loyola, 1990. p. 37-160.

BENTO XVI. *Exortação apostólica pós-sinodal "Verbum Domini" sobre a Palavra de Deus na vida e na missão da Igreja*. São Paulo: Paulinas, 2010.

J. O. BRAGANÇA. *Liturgia e espiritualidade na idade média*. Lisboa: Universidade Católica Editora, 2009.

A. CAÑIZARES. Sacerdocio e liturgia: educazione alla celebracione. *Sacrum ministerium annus* XVI, 1-2/2010, p. 129-149.

F. CASSINGENA-TRÉVERY. *La belleza de la liturgia*. Salanca: Sigueme, 2008.

CNBB. *Por um Novo Impulso à Vida Litúrgica*. São Paulo: Paulinas, 1988.

CNBB. *Adaptar a liturgia, tarefa da Igreja*. São Paulo: Paulinas, 1984.

———. *Diretório da liturgia e da organização da Igreja no Brasil*: Ano A São Mateus. Brasília: CNBB, 2011.

———. *Diretrizes para a formação dos presbíteros da Igreja do Brasil*. Brasília: CNBB, 2010.

CONCÍLIO VATICANO II. *Constituição Sacrosanctum Concilium sobre a sagrada liturgia*. 10 ed. São Paulo: Paulinas, 2010.

CONGREGAÇÃO PARA O CULTO DIVINO E A DISCIPLINA DOS SACRAMENTOS. *Instrução Redemptionis Sacramentum sobre alguns aspectos que se deve observar e evitar acerca da Santíssima Eucaristia*. São Paulo: Paulinas, 2004.

J. CORBON. *Liturgia de Fonte*. São Paulo: Paulinas, 1981.

V. S. COSTA. *O amor de Deus*: teologia da redenção. São Paulo: Palavra e Prece, 2012.

———. *Celebrar a Eucaristia*: tempo de restaurar a vida. São Paulo: Paulinas, 2006.

———. *Liturgia das Horas*: celebrar a luz pascal sob o signo da luz do dia. São Paulo: Paulinas, 2005.

———. *Viver a ritualidade litúrgica como momento histórico da salvação*: Participação litúrgica segundo a *Sacrosanctum Concilium*. São Paulo: Paulinas, 2005.

———. *Encontro com Deus na liturgia*. São Paulo: Paulinas, 2012.

R. CRISP. Eros. R. AUDI. *Dicionário de filosofia de Cambridge*. São Paulo: Paulus, 2006.

JOÃO PAULO II. *Ecclesia de eucharistia:* sobre a Eucaristia e sua relação com a Igreja. São Paulo: Paulinas, 2003.

J. A. JUNGMANN. *El sacrifício de la Missa. Tratado histórico-litúrgico*. 4 ed. Madri, 1963.

JUSTINO. *I Apologia, 67*. In: JUSTINO DE ROMA. *I e II apologias Diálogo com Trifão*. São Paulo: Paulus, 1995.

S. MARSILI. *Sinais do mistério de Cristo:* teologia litúrgica dos sacramentos, espiritualidade e ano litúrgico. São Paulo: Paulinas, 2009.

MISSAL romano restaurado por decreto do Sagrado Concílio Ecumênico Vaticano II e promulgado pela autoridade do Papa Paulo VI. São Paulo: Paulus, 1991.

J. NAVONE. *Em busca de uma teologia da beleza*. São Paulo: Paulus, 1999.

C. PASTRO. *O Deus da beleza*: educação através da beleza. São Paulo: Paulinas, 2008.

A. N. TERRIN. *Antropologia e horizontes do sagrado*: culturas e religiões. São Paulo: Paulus, 2004.

J. VAUX. J. GUILLET. Adoração. X. LÉON-DUFOUR. *Vocabulário de Teologia Bíblica*. São Paulo: Vozes, 2002 (Coleção 13).

X. ZUBIRI. *El ser sobrenatural*: Dios y la deificación en la teología paulina. Barcelona: Herder, 2008.

———. *Naturaleza historia y Dios*. 13 ed. Madri: Aliança Editorial, 2007.